edition suhrkamp 2677

Die SPD wirbt mit »Das Wir entscheidet«, die CDU mit »Gemeinsam erfolgreich« – die Wahlplakate unterstreichen, wie politischer Wettbewerb heute meist aussieht: konsensorientiert und ohne klare Alternativen. Der Ansatz Chantal Mouffes zielt in die entgegengesetzte Richtung: Der agonistische Wettstreit der Ideen ist ein fundamentaler Bestandteil des Politischen. Daher plädiert Mouffe für einen radikalen Pluralismus: Wir müssen sicherstellen, dass unterschiedliche Modelle präsentiert und diskutiert werden können – und zwar auf der nationalen, der europäischen und der globalen Ebene. Was das konkret bedeutet und welche Lehren die Linke daraus ziehen muss, erläutert die Politikwissenschaftlerin im Nachfolgeband zu ihrem vielbeachteten Buch *Über das Politische* (es 2483).

Chantal Mouffe, geboren 1943 in Charleroi, lehrt Politische Theorie an der University of Westminster. Ihr gemeinsam mit dem argentinischen Politikwissenschaftler Ernesto Laclau verfasstes Buch *Hegemonie und radikale Demokratie* gilt als ein Grundlagentext des Postmarxismus.

Chantal Mouffe

Agonistik

Die Welt politisch denken

Aus dem Englischen von
Richard Barth

Suhrkamp

Die englische Originalausgabe erschien 2013 unter dem Titel
Agonistics. Thinking the World Politically bei Verso
(London/New York).

3. Auflage 2021

Erste Auflage 2014
edition suhrkamp 2677

Originalausgabe

Druck: C. H. Beck, Nördlingen
Umschlag gestaltet nach einem Konzept
von Willy Fleckhaus: Rolf Staudt
Printed in Germany
ISBN 978-3-518-12677-6

Inhalt

»Opposition is true friendship.«
William Blake, The Marriage of Heaven and Hell *(1793)*

»Der Feind ist unsere eigene Frage als Gestalt.«
Theodor Däubler, Hymne an Italien *(1916)*

Vorwort

Die in diesem Buch dargelegten Gedanken habe ich im Lauf der vergangenen Jahre an unterschiedlichen Orten diskutiert, und manches habe ich, wenn auch in anderer Form, bereits veröffentlicht. Da der Zweck dieser Interventionen darin bestand, meinen agonistischen Ansatz in unterschiedlichen Kontexten vorzustellen und seine Relevanz für neue Gebiete zu untersuchen, musste ich zu Beginn stets die Grundprinzipien der Agonistik darlegen, so dass ein gewisses Maß an Wiederholung unvermeidlich war. Bei der Überarbeitung der einzelnen Texte für diese Publikation habe ich diese Wiederholungen, sofern sie mir nicht für die Stringenz der Argumentation notwendig erschienen, so weit als möglich zu streichen versucht. Das bedeutet, dass die meisten Kapitel zwar auf die eine oder andere Weise aus öffentlichen Vorträgen oder Konferenzbeiträgen hervorgegangen, hier jedoch nicht in der ursprünglichen Form enthalten sind. Das letzte Kapitel habe ich eigens für dieses Buch geschrieben.

Zur leichteren Einordnung der in diesem Buch diskutierten Fragen in den größeren Kontext meiner Arbeit habe ich für alle, die mit meinem Ansatz noch nicht vertraut sind, am Ende des Buches ein Interview angefügt, das ich vor einigen Jahren gegeben habe und das ursprünglich in der 2007 von Suhrkamp veröffentlichten Anthologie *Und jetzt?* erschienen ist.[1] Indem es eine kurze Einführung in mehrere Themen gibt, mit denen ich mich im Lauf der Jahre auseinandergesetzt habe, wird dieses Interview, wie ich hoffe, zum leichteren Verständnis meiner derzeitigen Position beitragen.

Ich danke dem Literaturverein Het beschrijf in Passa Porta, auf dessen Einladung ich im Mai 2012 einen Monat als Writer in Residence in Brüssel verbringen durfte, um in einer sehr angenehmen Umgebung die Endfassung dieses Manuskripts zu erstellen – was mir nebenbei die Gelegenheit gab, das Kunstenfestivaldesarts zu besuchen, das sich für meine Reflexionen über künstlerische Praktiken als außerordentlich anregend erwies.

Anmerkung

1 Heinrich Geiselberger (Hg.), *Und jetzt? Politik, Protest und Propaganda*, Frankfurt am Main: Suhrkamp 2007, S. 105-127.

Einführung

Die in diesem Band versammelten Essays untersuchen die Relevanz des von mir in meinen bisherigen Büchern ausgearbeiteten agonistischen Ansatzes für eine Reihe von Fragen, die ich für das linke Projekt als bedeutsam erachte. Jedes Kapitel widmet sich einem anderen Thema, doch mein Ziel ist dabei stets, mich dem Problem aus politischer Sicht zu nähern. Politisch zu denken erfordert, wie Ernesto Laclau und ich in *Hegemonie und radikale Demokratie* argumentiert haben, sich die ontologische Dimension der radikalen Negativität bewusst zu machen.[1] Aufgrund der Existenz einer Form von Negativität, die dialektisch nicht auflösbar ist, kann einhundertprozentige Objektivität niemals erreicht werden, und der Antagonismus ist eine stets präsente Gefahr. Die Gesellschaft ist von Kontingenz durchdrungen, und jede Ordnung ist hegemonialer Natur, das heißt, sie ist Ausdruck von Machtverhältnissen. Für den Bereich der Politik bedeutet das, dass wir die Suche nach einem Konsens ohne jede Exklusion einstellen und die Hoffnung auf eine ganz mit sich versöhnte und harmonische Gesellschaft fahrenlassen müssen. Folglich kann das emanzipatorische Ideal nicht im Sinne einer Verwirklichung irgendeiner Form von »Kommunismus« formuliert werden.

Die hier dargelegten Überlegungen orientieren sich an der Kritik des Rationalismus und des Universalismus, die ich entwickelt habe, seit ich in *The Return of the Political* ein Demokratiemodell auszuarbeiten begann, das ich als »agonistischen Pluralismus« bezeichne.[2] Um die Dimension der radikalen Negativität in die Sphäre des

Politischen einzubeziehen, habe ich in jenem Buch zwischen dem »Politischen« und der »Politik« unterschieden. Während ich »das Politische« auf die ontologische Dimension des Antagonismus beziehe, bezeichne ich mit »Politik« das Ensemble von Praktiken und Institutionen, deren Ziel die Organisation der menschlichen Koexistenz ist. Diese Praktiken operieren jedoch stets auf einem konflikthaften Terrain, das vom »Politischen« geprägt ist.

Die Kernthese des »agonistischen Pluralismus« habe ich später in *Das demokratische Paradox* weiter ausgeführt.[3] In diesem Buch habe ich argumentiert, eine zentrale Aufgabe demokratischer Politik bestehe darin, für Institutionen zu sorgen, die die Möglichkeit eröffnen, dass Konflikte eine »agonistische« Form annehmen, bei der die Opponenten nicht Gegner sind, sondern Kontrahenten, zwischen denen ein konflikthafter Konsens besteht. Mithilfe dieses agonistischen Modells wollte ich aufzeigen, dass eine demokratische Ordnung selbst dann vorstellbar ist, wenn man von der These der Unauslöschlichkeit des Antagonismus ausgeht.

Nichtsdestotrotz ist es wahr, dass politische Theorien, die diese These bejahen, letztlich als einzigen Weg, den Ausbruch eines Bürgerkriegs zu verhindern, in der Regel eine autoritäre Ordnung verteidigen. Daher meinen die meisten Politikwissenschaftler, die sich der Demokratie verschrieben haben, sie müssten sich für die Möglichkeit einer rationalen Lösung für politische Konflikte einsetzen. Ich dagegen argumentiere, dass die autoritäre Lösung keine notwendige logische Konsequenz eines solchen ontologischen Postulats ist und dass die Unterscheidung zwischen »Antagonismus« und »Agonismus« die Entwicklung eines Demokratiemodells ermöglicht, das die Existenz radikaler Negativität nicht leugnet.

Als ich im Lauf der vergangenen Jahre über weltweite politische Entwicklungen nachgedacht habe, hat sich mir die Frage aufgedrängt, welche Konsequenzen mein Ansatz für die internationalen Beziehungen haben könnte. Was bedeutet die These, dass jede Ordnung hegemonialer Natur ist, auf der internationalen Ebene? Heißt das, dass es zur derzeitigen unipolaren Welt und allen damit einhergehenden negativen Folgen keine Alternative gibt? Von der Illusion einer kosmopolitischen Welt jenseits von Hegemonie und Souveränität müssen wir uns ohne Zweifel verabschieden. Doch ist das nicht die einzig denkbare Lösung, denn es ist auch eine andere vorstellbar: eine Pluralisierung der Hegemonien. Meines Erachtens könnte ein multipolarer Ansatz, der auf Beziehungen zwischen regionalen Polen auf Augenhöhe setzt, ein Schritt hin zu einer agonistischen Ordnung sein, in der Konflikte zwar nicht aus der Welt geschafft, aber mit geringerer Wahrscheinlichkeit eine antagonistische Form annehmen würden.

Ein weiterer Aspekt meiner Überlegungen betrifft die Konsequenzen, die sich aus dem hegemonialen Ansatz für radikale Projekte ergeben, deren Ziel eine andere gesellschaftliche und politische Ordnung ist. Wie kann man eine solche neue Ordnung herbeiführen? Welche Strategie sollte man dabei verfolgen?

Vom traditionellen revolutionären Ansatz hat man sich weitgehend verabschiedet, er wird jedoch zusehends durch einen anderen ersetzt, der, wenn auch auf andere Weise, unter der Bezeichnung »Exodus« viele Mängel des Ersteren reproduziert. In diesem Buch wende ich mich gegen die kompromisslose Ablehnung der repräsentativen Demokratie durch jene, die eine Strategie der Abkehr von politischen Institutionen befürworten, anstatt eine Umgestaltung des Staates durch einen agonistischen Kampf um die Hegemonie anzustreben. Ihr Glaube an die Realisierbarkeit einer »absoluten Demokratie«, in der die Multitude in der Lage sein soll, sich selbst zu organisieren, ohne dass es eines Staates oder politischer Institutionen bedürfte, zeugt von einem mangelnden Verständnis dessen, was ich als »das Politische« bezeichne.

Sicherlich, die Verfechter dieser Position stellen die These der zunehmenden Homogenisierung des »Volkes« unter der Kategorie des »Proletariats« infrage und betonen stattdessen die Vielfalt der »Multitude«. Die Existenz radikaler Negativität zur Kenntnis zu nehmen impliziert jedoch nicht nur anzuerkennen, dass das Volk mannigfaltig, sondern auch, dass es gespalten ist. Diese Gespaltenheit kann nicht überwunden, sie kann nur auf unterschiedliche Weise institutionalisiert werden, wobei manche Formen egalitärer sind als andere. Meinem Ansatz zufolge besteht radikale Politik aus einer Vielzahl von Schritten auf einer Vielfalt institutioneller Terrains, die der Konstruktion einer neuen Hegemonie dienen. Es ist ein »Stellungskrieg«, dessen Ziel nicht der Aufbau einer Gesellschaft jenseits von Hegemonie, sondern der Prozess der Radikalisierung der Demokratie ist – der Aufbau demokratischerer, egalitärerer Institutionen.

Und noch einem weiteren Thema habe ich, hauptsächlich aufgrund zahlreicher Einladungen durch Kunsthochschulen, Museen und Biennalen, in den vergangenen Jahren besondere Aufmerksamkeit geschenkt: Kann ein agonistischer Ansatz Künstlern dabei helfen, den Charakter ihrer Interventionen im öffentlichen Raum theoretisch zu fassen? Welche Rolle können artistische und kulturelle Praktiken im Rahmen des Ringens um die Hegemonie spielen? Im derzeitigen postfordistischen Stadium des Kapitalismus kommt dem kulturellen Terrain eine strategische Position zu, weil die Produktion von Affekten eine immer wichtigere Rolle spielt. Da es für den Prozess der kapitalistischen Verwertung von entscheidender Bedeutung ist, sollte dieses Terrain ein zentraler Ort für Interventionen durch gegenhegemoniale Praktiken sein.

Um auf diese sehr unterschiedlichen Themen eingehen zu können, ist dieses Buch wie folgt gegliedert. Das erste Kapitel rekapituliert in groben Zügen den agonistischen Ansatz, den ich im Lauf der Jahre in einer Reihe von Büchern ausgearbeitet habe. Zugleich grenzt es meinen Zugang von anderen agonistischen Theorien ab. Um die antagonistische Dimension zu betonen, die die Sphäre des Politischen kennzeichnet, gilt mein Augenmerk insbesondere der Unterscheidung zwischen ethischen und politischen Zugängen sowie der Notwendigkeit, dass agonistische Theorien den Zusammenhang zwischen Agonismus und Antagonismus zur Kenntnis nehmen, anstatt die Realisierbarkeit eines »Agonismus ohne Antagonismus« zu postulieren.

Nachdem ich meine theoretische Problematik dargelegt habe, wende ich mich in den darauffolgenden Kapiteln einer Reihe unterschiedlicher Themen zu: einem agonistischen Ansatz für die internationalen Beziehungen, Integrationsmodellen für die Europäische Union, unterschiedlichen Sichtweisen radikaler Politik und schließlich dem Verhältnis zwischen Politik und kulturellen sowie künstlerischen Praktiken. Im zweiten Kapitel setze ich mich mit einigen Fragen auseinander, die das Konzept einer multipolaren Welt aufwirft. Ein Thema aufgreifend, das ich bereits in *Über das Politische* behandelt habe, wo ich verschiedene kosmopolitische Projekte kritisiert und mich für eine multipolare Welt ausgesprochen habe, untersuche ich nunmehr, welche Implikationen es mit sich bringt, die Welt als ein Pluriversum zu sehen. Dabei weise ich die Position zurück, Demokratisierung setze Verwestlichung voraus, und verteidige die These, dass das demokratische Ideal in verschiedenen Kontexten unterschiedlich umgesetzt werden kann.

Einige Leser werden möglicherweise überrascht sein von meiner Kritik an der Art und Weise, wie Soziologen und Politologen das Wort »modern« benutzen, um westliche Institutionen zu beschreiben. Habe ich nicht selbst das westliche Modell wiederholt als »moderne Demokratie« charakterisiert? Tatsächlich habe ich das in jüngeren Schriften nicht mehr getan und vermeide es jetzt, von »moderner Demokratie« zu sprechen. Mir ist bewusst geworden, dass ich damit meiner Behauptung vom kontextualistischen Charakter der liberalen Demokratie widerspreche, wonach diese kein fortgeschrittenes Stadium in der Entwicklung der Rationalität oder Moralität darstellt.

Meiner festen Überzeugung nach wird es für linksgerichtete Intellektuelle höchste Zeit, sich eines pluralistischen Ansatzes zu bedienen und jene Spielart des Universalismus zurückzuweisen, die die rationale und moralische Überlegenheit der westlichen Moderne postuliert. Gerade jetzt, da der Arabische Frühling in mehreren Ländern des Nahen Ostens die Frage auf die politische Tagesordnung gesetzt hat, wie der Aufbau einer Demokratie vonstattengehen kann, kommt diesem Punkt aus meiner Sicht größte Bedeutung zu. Es wäre ein höchst verhängnisvoller Fehler, diese Länder zur Übernahme des westlichen Modells zu drängen und damit die Augen davor zu verschließen, welche zentrale Rolle dem Islam in ihrer Kultur zukommt.

Die Europäische Union ist das Thema des dritten Kapitels, in dem ich die Relevanz des agonistischen Ansatzes für die denkbaren Formen der europäischen Integration untersuche. Dabei setze ich mich dafür ein, die EU im Sinne einer »Demoi-kratie« zu verstehen, die aus einer Vielzahl unterschiedlicher Demoi zusammengesetzt ist, die je eigene Räume für die praktische Ausgestaltung der Demokratie bieten. Außerdem analysiere ich die Ursachen der zunehmenden Entfremdung vom europäischen Projekt und betone, wie wichtig die Entwicklung einer neuen Vision ist, die eine Alternative zur neoliberalen Politik darstellt, von der die aktuelle Krise ausgelöst worden ist.

Das vierte Kapitel widmet sich der Gegenüberstellung zweier Modelle radikaler Politik. In erster Linie richtet sich dabei meine Argumentation gegen die von der italienischen Autonomia-Bewegung inspirierte und von postoperaistischen Theoretikern wie Michael Hardt, Antonio

Negri und Paolo Virno theoretisch ausgearbeitete Strategie des »Rückzugs aus«. Diese Theoretiker fordern den Exodus aus dem Staat und aus traditionellen politischen Institutionen sowie die Abkehr von der repräsentativen Demokratie. Ich befürworte demgegenüber eine Strategie der »Auseinandersetzung mit«. Eine solche Strategie umfasst eine Vielzahl von gegenhegemonialen Schritten, die nicht auf Desertion, sondern auf eine grundlegende Umgestaltung der bestehenden Institutionen abzielen. Das Problem bei jener Form von radikaler Politik, wie sie die Exodus-Theoretiker vertreten (so das Ergebnis meiner Untersuchung des jeweiligen theoretischen Unterbaus, auf dem diese beiden entgegengesetzten Strategien beruhen), liegt in ihrem mangelhaften Verständnis des Politischen. Deutlich zeigt sich das in ihrer Weigerung, die unauslöschliche Dimension des Antagonismus zu akzeptieren.

Im letzten Kapitel wende ich mich dem Thema der kulturellen und künstlerischen Praktiken zu und beteilige mich an der laufenden Diskussion über die Auswirkungen des postfordistischen Kapitalismus auf den kulturellen und künstlerischen Bereich. Einigen Denkern zufolge ist die Kommodifizierung so weit fortgeschritten, dass es keinen Raum mehr gebe, in dem Künstler eine kritische Rolle spielen könnten. Andere widersprechen dieser pessimistischen Diagnose und beharren darauf, dass eine solche Möglichkeit noch immer bestehe, allerdings nur außerhalb der Welt der Kunst.

Meiner Meinung nach können kulturelle und künstlerische Praktiken durchaus eine kritische Rolle wahrnehmen, indem sie agonistische öffentliche Räume schaffen, in denen gegenhegemoniale Initiativen gegen die neoliberale Hegemonie gestartet werden können. Im Rückgriff auf Antonio Gramsci betone ich, welche entscheidende Funktion dem Bereich des Kulturellen bei der Herstellung eines »Common Sense« zukommt und wie notwendig künstlerische Interventionen sind, um die postpolitische Sichtweise infrage zu stellen, die gegenwärtige Ordnung sei alternativlos. Dazu stelle ich meine Sichtweise einmal mehr der der postoperaistischen Theoretiker gegenüber, mit denen ich mich auch schon im dritten Kapitel befasst habe. Diesmal liegt das Augenmerk allerdings auf ihrer Interpretation des Übergangs vom Fordismus zum Postfordismus und der Rolle, die kulturelle Praktiken bei diesem Übergang spielen.

Im letzten Kapitel schließlich untersuche ich im Lichte der beiden bereits erwähnten Modelle radikaler Politik, des postoperaistischen und des agonistischen, die Protestbewegungen der jüngsten Zeit. Ich bin der Auffassung, dass diese Bewegungen als Reaktion auf den Mangel an agonistischer Politik in liberalen Demokratien begriffen werden sollten und dass sie nicht die Abkehr von liberalen demokratischen Institutionen fordern, sondern deren Radikalisierung.

Dieses Buch enthält mehrere theoretisch-politische Interventionen in Bereichen, in denen es meines Erachtens notwendig ist, etablierte linke Positionen zu hinterfragen. Es zielt darauf ab, unter all jenen, deren Ziel die Infragestellung der derzeitigen neoliberalen Ordnung ist, eine agonistische Debatte in Gang zu bringen.

Anmerkungen

1 Ernesto Laclau/Chantal Mouffe, *Hegemonie und radikale Demokratie. Zur Dekonstruktion des Marxismus*, Wien: Passagen Verlag 1991 [1985].
2 Chantal Mouffe, *The Return of the Political*, London/New York: Verso 1993.
3 Chantal Mouffe, *Das demokratische Paradox*, Wien: Turia + Kant 2008 [2000].

1. Was bedeutet »agonistische Politik«?

Im Lauf der vergangenen Jahre haben agonistische Ansätze in der Politikwissenschaft zunehmend an Einfluss gewonnen. Allerdings gibt es diese Ansätze in einer Vielzahl von Ausrichtungen, was immer wieder für Verwirrung sorgt. Da dieses Buch die Relevanz meines Verständnisses von Agonistik für unterschiedliche Bereiche ergründen soll, ist es notwendig zu klären, was genau meinen Ansatz kennzeichnet und wie er sich von anderen agonistischen Theorien unterscheidet. Daher möchte ich zunächst die Eckpunkte des theoretischen Modells rekapitulieren, das meinen Betrachtungen über das Politische zugrunde liegt, so wie ich es in *Hegemonie und radikale Demokratie* gemeinsam mit Ernesto Laclau ausgearbeitet habe.[1]

Um das Wesen des Politischen zu erfassen, so die von uns in jenem Buch vertretene These, sind zwei zentrale Begriffe unerlässlich, »Antagonismus« und »Hegemonie«. Beide verweisen darauf, wie wichtig es ist, sich die Dimension der radikalen Negativität vor Augen zu führen, die sich in der omnipräsenten Möglichkeit des Antagonismus manifestiert. Diese Dimension behindert unserer Argumentation zufolge die vollständige Totalisierung der Gesellschaft und steht der Möglichkeit einer Gesellschaft jenseits von Spaltungen und Machtkämpfen entgegen. Dies wiederum macht es notwendig, sich mit dem Fehlen eines letzten Urgrundes abzufinden und mit der Unentscheidbarkeit, von der jede Ordnung durchdrungen ist. In unseren Begriffen macht es dies erforderlich, sich die »hegemoniale« Natur jedweder gesellschaftlichen Ordnung bewusst zu machen und sich die Gesellschaft als Produkt einer Reihe von Praktiken vorzustellen, die darauf abzielen, in einem Umfeld der Kontingenz eine Ordnung zu schaffen. Unter »hegemonialen Praktiken« verstehen wir die Artikulationspraktiken, durch die eine gegebene Ordnung geschaffen und die Bedeutung der gesellschaftlichen Institutionen festgelegt wird. Dieser Sichtweise zufolge ist jede Ordnung die temporäre und gefährdete Artikulation kontingenter Praktiken. Die Dinge könnten immer auch anders liegen, und jede Ordnung basiert auf dem Ausschluss anderer Möglichkeiten. Jede Ordnung ist immer auch Ausdruck einer bestimmten Konstellation von Machtverhältnissen. Was zu einem bestimmten Zeitpunkt als die »natürliche« Ordnung akzeptiert wird, einschließlich dessen, was als gesunder Menschenverstand gilt, ist das Ergebnis sedimentärer hegemonialer Praktiken. Es ist niemals die Manifestation einer tieferen Objektivität, die außerhalb der Praktiken liegt, die sie ins Leben gerufen haben. Jede Ordnung kann daher durch antihegemoniale Praktiken infrage gestellt werden, die versuchen, sie zu re-artikulieren und eine andere Form der Hegemonie zu installieren.

In *The Return of the Political*, *Das demokratische Paradox* und *Über das Politische* habe ich diese Reflexionen über »das Politische«, im Sinne der antagonistischen Dimension, die allen menschlichen Gesellschaften inhärent ist, weiter ausgearbeitet.[2] Zu diesem Zweck habe ich vorgeschlagen, zwischen »dem Politischen« und »der Politik« zu unterscheiden. »Das Politische« bezieht sich auf die Dimension des Antagonismus, der viele Formen annehmen und in unterschiedlichen sozialen Beziehungen zutage treten kann. Es ist eine Dimension, die sich niemals gänzlich eliminieren lässt. »Politik« verweist demgegenüber auf das Ensemble von Praktiken, Diskursen und Institutionen, das eine bestimmte Ordnung zu etablieren und das menschliche Zusammenleben unter Bedingungen zu organisieren versucht, die von der Dimension des »Politischen« beeinflusst und deshalb immerzu potenziell konfliktträchtig sind.

Wie ich in meinen Schriften wiederholt betont habe, sind politische Fragen nicht einfach nur fachspezifische, von Experten zu lösende Probleme. Echte politische Fragen schließen immer Entscheidungen ein, die eine Wahl zwischen gegensätzlichen Alternativen erfordern. Diese Tatsache kann die vorherrschende Strömung im liberalen Denken, die von einem rationalistischen, individualistischen Ansatz geprägt ist, nicht erfassen, und darum ist der Liberalismus unfähig, ein adäquates Modell der pluralistischen Natur der sozialen Welt, einschließlich der mit dem Pluralismus verbundenen Konflikte, zu entwickeln. Dabei handelt es sich um Konflikte, für die es niemals eine rationale Lösung geben kann, und daraus ergibt sich die Dimension des Antagonismus, die menschliche Gesellschaften charakterisiert.

Das typische Verständnis von Pluralismus lautet wie folgt: Wir leben in einer Welt, in der es wahrlich viele Perspektiven und Werte gibt, aber aufgrund empirischer Einschränkungen ist es uns unmöglich, sie alle einzunehmen. Zusammen genommen könnten sie jedoch ein harmonisches, konfliktfreies Ensemble bilden. Wie ich gezeigt habe, muss eine solche Sichtweise, wie sie in der liberalen politischen Theorie dominiert, das Politische in seiner antagonistischen Dimension negieren. In der Tat gehört zu den wichtigsten Grundsätzen dieser Spielart des Liberalismus der rationale Glaube an die Möglichkeit, einen universellen, vernunftbasierten Konsens herzustellen. Insofern nimmt es nicht wunder, dass das Politische den blinden Fleck des Liberalismus darstellt. Indem er den unentrinnbaren Augenblick der Entscheidung – im engen Sinn des Entscheidenmüssens in einem unentscheidbaren Terrain – ins Blickfeld rückt, zeigt der Antagonismus die Grenzen eines rationalen Konsenses auf.

Die Leugnung des »Politischen« in seiner antagonistischen Dimension, so meine These, ist das, was es der liberalen Theorie verunmöglicht, ein adäquates politisches Modell zu entwickeln. Man kann das Politische in seiner antagonistischen Dimension nicht zum Verschwinden bringen, indem man es einfach leugnet oder wegwünscht. Das ist die typisch liberale Geste, doch diese Leugnung hat lediglich jene Ohnmacht zur Folge, die das liberale Denken charakterisiert, wenn es mit Antagonismen und Gewaltformen konfrontiert ist, die der liberalen Theorie zufolge einer längst vergangenen Zeit angehören, als die Vernunft noch nicht die Oberhand über die vermeintlich archaischen Leidenschaften gewonnen hatte. Hierin liegt die Wurzel der derzeitigen Unfähigkeit des Liberalismus, das Wesen und die Ursache der neuen Antagonismen zu begreifen, die seit dem Kalten Krieg aufgebrochen sind.

Ein weiterer Grund für die Blindheit des liberalen Denkens im Hinblick auf das Politische ist der Individualismus, der es daran hindert, den Entstehungsprozess kollektiver Identitäten zu verstehen. Das Politische hat jedoch von Anfang an mit kollektiven Formen der Identifikation zu tun, geht es in diesem Bereich doch stets um die Ausbildung eines »Wir« im Gegensatz zu einem »Sie«. Das Hauptproblem des liberalen Rationalismus ist dabei seine gesellschaftliche Logik, die auf der essentialistischen Vorstellung des »Seins als Präsenz« beruht, sowie seine Auffassung, Objektivität sei etwas den Dingen wesenhaft Eingeschriebenes. Er vermag nicht zu erkennen, dass Identität nur möglich ist, wenn sie als Differenz konstruiert wird, und dass jede gesellschaftliche Objektivität durch Akte der Macht konstituiert ist. Er weigert sich einzugestehen, dass letztlich jede Form der gesellschaftlichen Objektivität eine politische ist und die Spuren der Akte der Exklusion tragen muss, die mit ihrer Konstituierung einhergehen.

In mehreren Büchern habe ich zur Verdeutlichung dieser These die Vorstellung eines »konstitutiven Außen« verwendet. Da ihr in meiner Argumentation eine zentrale Rolle zukommt, ist es meines Erachtens notwendig, sie hier noch einmal zu erläutern.

Erstmals wurde dieser Begriff von Henry Staten gebraucht, der damit eine Reihe von Vorstellungen bezeichnet, die Jacques Derrida anhand von Begriffen wie »*supplément*«, »*trace*« und »*différance*« entwickelt hat.[3] Staten wollte damit die Tatsache herausstellen, dass die Ausbildung einer Identität stets mit der Festlegung einer Differenz einhergeht. Bei Derrida ist dieser Gedanke natürlich auf einer sehr abstrakten Ebene angesiedelt und bezeichnet jegliche Form von Objektivität. Mein Interesse erstreckt sich dagegen darauf, in den Vordergrund zu rücken, was dieser Gedanke für das Feld der Politik bedeutet, und aufzuzeigen, inwiefern er für die Konstitution politischer Identitäten relevant ist. Wenn wir uns bewusst machen, dass Identitäten immer relational sind und die Affirmation einer Differenz – das heißt der Wahrnehmung von etwas »Anderem« als Konstitution des »Außen« – eine Vorbedingung für die Existenz jedweder Identität darstellt, so können wir meiner Ansicht nach verstehen, weshalb es in der Politik, deren Gegenstand stets kollektive Identitäten sind, um die Konstitution eines »Wir« geht, das als Vorbedingung für seine Existenz die Abgrenzung von einem »Sie« voraussetzt.

Das bedeutet selbstverständlich nicht, dass eine solche Beziehung notwendigerweise agonistisch sein muss. Tatsächlich sind viele Wir/Sie-Beziehungen lediglich eine Frage der Anerkennung von Unterschieden. Es bedeutet jedoch, dass immer die Möglichkeit besteht, dass diese Wir/Sie-Beziehung in eine Freund/Feind-Beziehung umschlägt. Dies geschieht, wenn wir anfangen, den Anderen, die uns bis dato lediglich als anders galten, zu unterstellen, sie stellten *unsere* Identität infrage und bedrohten *unsere* Existenz. Von diesem Augenblick an, darauf hat Carl Schmitt hingewiesen, wird jede Form der Wir/Sie-Beziehung – sei sie religiöser, ethnischer oder wirtschaftlicher Natur – zum Austragungsort eines Antagonismus.

Wichtig ist in diesem Zusammenhang, dass eben das, was die Ausbildung politischer Identitäten ermöglicht, zugleich die Unmöglichkeit einer Gesellschaft bedingt, in der der Antagonismus eliminiert werden kann.

Ein agonistisches Modell

Vor diesem Hintergrund der allgegenwärtigen Möglichkeit des Antagonismus habe ich ein Demokratiemodell ausgearbeitet, das ich als »agonistisch« bezeichne. Ursprünglich war meine Intention eine »metaphorische Neudefinition« der liberalen demokratischen Institutionen – eine Neudefinition, die einfangen konnte, was in der pluralistischen demokratischen Politik auf dem Spiel steht. Um das Wesen demokratischer Politik und die Herausforderungen zu verstehen, vor denen sie steht, so meine Argumentation, bedarf es einer Alternative zu den beiden dominierenden Ansätzen in der demokratischen politischen Theorie.

Dem einen Ansatz, dem aggregativen Modell, zufolge ist das, was politische Akteure antreibt, die Durchsetzung ihrer Interessen. Der andere Ansatz, das deliberative Modell, betont demgegenüber die Rolle der Vernunft und moralischer Überlegungen. Was beide Modelle ausblenden, ist die zentrale Bedeutung kollektiver Identitäten sowie die entscheidende Rolle, die Affekte bei deren Konstitution spielen.

Ich behaupte, dass man demokratische Politik unmöglich verstehen kann, ohne »Leidenschaften« als treibende Kraft auf dem Feld der Politik zur Kenntnis zu nehmen. Das agonistische Modell zielt auf all jene Fragen ab, die von den beiden anderen Modellen aufgrund ihrer rationalistischen, individualistischen Ausrichtung nicht sinnvoll beantwortet werden können.

Lassen Sie mich kurz meine Argumentation aus *Das demokratische Paradox* rekapitulieren. Wenn wir die

Dimension des »Politischen« zur Kenntnis nehmen, so beginnen wir zu erkennen, dass eine der größten Herausforderungen, die eine pluralistische, liberale, demokratische Politik bewältigen muss, in dem Versuch besteht, den potenziellen Antagonismus zu entschärfen, der menschlichen Beziehungen innewohnt. Die entscheidende Frage ist meiner Ansicht nach nicht, wie man einen Konsens ohne jede Exklusion herstellen kann, würde das doch die Konstruktion eines »Wir« ohne ein korrespondierendes »Ihr« erfordern. Das jedoch ist unmöglich, da die Konstitution eines »Wir«, wie soeben erläutert, stets die Abgrenzung von einem »Ihr« voraussetzt.

Die zentrale Frage lautet demnach, wie die für jedwede Politik konstitutive Unterscheidung zwischen »uns« und »denen« so gestaltet werden kann, dass sie mit der Anerkennung des Pluralismus vereinbar ist. Konflikte können und sollten in liberalen, demokratischen Gesellschaften nicht eliminiert werden, da die Akzeptanz und Legitimierung von Konflikten ja gerade das ist, was eine pluralistische Demokratie auszeichnet. Liberale, demokratische Politik setzt voraus, die »Anderen« nicht als Feinde wahrzunehmen, die es zu vernichten gilt, sondern als Kontrahenten, deren Ideen es zwar – mit aller Schärfe – zu bekämpfen gilt, deren Recht, für diese Ideen einzutreten, aber nicht infrage gestellt werden darf. Anders ausgedrückt: Wichtig ist, dass Konflikte nicht die Form eines »Antagonismus« annehmen (eines Kampfes zwischen Feinden), sondern die eines »Agonismus« (einer Auseinandersetzung zwischen Kontrahenten).

Aus agonistischer Perspektive ist die zentrale Kategorie demokratischer Politik die Kategorie des »Kontrahenten«, des Opponenten, mit dem man grundlegende demokratische Prinzipien wie das Ideal »allgemeiner Freiheit und Gleichheit« teilt, bei deren Interpretation man jedoch unterschiedlicher Auffassung ist. Kontrahenten bekämpfen einander, weil sie wollen, dass ihre Interpretation dieser Prinzipien hegemonial wird, stellen aber das legitime Recht ihrer Kontrahenten, für ihre Position zu streiten, nicht infrage. Dieser Widerstreit zwischen Kontrahenten stellt die »agonistische Auseinandersetzung« dar, die Grundbedingung einer lebendigen Demokratie ist.[4]

Eine gut funktionierende Demokratie erfordert den Widerstreit demokratischer politischer Positionen. Mangelt es an diesem, so besteht die Gefahr, dass der demokratische Widerstreit durch eine Auseinandersetzung zwischen nicht verhandelbaren moralischen Werten oder essentialistischen Formen der Identifikation ersetzt wird. Eine zu große Konsensorientierung führt in Verbindung mit einer Abneigung gegen Konflikte zu Apathie und Entfremdung von der politischen Partizipation. Eine liberale, demokratische Gesellschaft braucht daher die Debatte über mögliche Alternativen. Sie muss Formen der politischen Identifikation anbieten, die auf klar unterscheidbaren demokratischen Positionen beruhen.

Konsens ist zweifellos notwendig, er muss jedoch von Dissens begleitet sein. Konsens muss über die Institutionen herrschen, die für die liberale Demokratie konstituierend sind, sowie über die ethisch-politischen Werte, von denen die politische Arbeit geprägt sein sollte. Es wird aber immer unterschiedliche Auffassungen darüber geben, was diese Werte bedeuten und wie sie praktisch umzusetzen sind. Der Konsens wird demnach stets ein »konflikthafter Konsens« sein.

Meinungsverschiedenheiten über die Interpretation der gemeinsamen ethisch-politischen Prinzipien sind nicht nur legitim, sondern notwendig. Sie eröffnen den Bürgern unterschiedliche Identifikationsmöglichkeiten und sind der Stoff, aus dem demokratische Politik gemacht ist. Wird die agonistische, pluralistische Dynamik von einem Mangel an demokratischen Identifikationsformen behindert, so gibt es für Leidenschaften kein demokratisches Ventil. Damit wird Spielarten der Politik, in deren Mittelpunkt essentialistische Identitäten nationalistischer, religiöser oder ethnischer Ausprägung stehen, ebenso der Boden bereitet wie einer Vervielfachung der Auseinandersetzungen über nicht verhandelbare moralische Werte – einschließlich aller Erscheinungsformen von Gewalt, die mit solchen Auseinandersetzungen einhergehen.

Um Missverständnissen vorzubeugen, möchte ich noch einmal betonen, dass meine Verwendung des Begriffs »Kontrahent« sich klar von seiner Verwendung im liberalen Diskurs unterscheidet. Der hier zugrunde gelegten Bedeutung von »Kontrahent« zufolge wird der ihm innewohnende Antagonismus im Unterschied zur liberalen Sichtweise nicht eliminiert, sondern »sublimiert«. Vertreter des Liberalismus verstehen unter einem »Kontrahenten« nämlich lediglich einen »Konkurrenten«. Liberale Theoretiker betrachten das Feld der Politik als neutrales Terrain, auf dem unterschiedliche Gruppen um die Besetzung von Machtpositionen konkurrieren. Dabei zielen sie darauf ab, andere zu verdrängen und ihre Position einzunehmen, ohne allerdings die vorherrschende Hegemonie infrage zu stellen oder die Machtverhältnisse grundsätzlich zu verändern. Es handelt sich lediglich um einen Wettbewerb innerhalb der Elite.

Dem agonistischen Verständnis von Politik nach ist die antagonistische Dimension dagegen immerzu präsent. Schließlich geht es um nichts Geringeres als den Kampf zwischen gegensätzlichen, nach Hegemonie strebenden Projekten, die niemals rational miteinander in Einklang gebracht werden können; eines von ihnen muss unterliegen. Es ist eine echte Konfrontation, die jedoch auf der Grundlage von beiden Seiten akzeptierter demokratischer Verfahren ausgetragen wird.

Ich behaupte: Nur, wenn wir uns »das Politische« in seiner antagonistischen Dimension vor Augen führen, können wir die entscheidende Frage stellen, um die es in demokratischer Politik geht. Ohne liberalen Theoretikern zu nahe treten zu wollen: Die Frage lautet nicht, wie man im Widerstreit der Interessen einen Kompromiss aushandelt oder wie man einen »rationalen«, das heißt alle einschließenden Konsens ohne jede Exklusion erzielt. Entgegen dem, was viele Liberale gerne glauben wollen, liegt die Besonderheit demokratischer Politik nicht in der Überwindung des Wir/Sie-Gegensatzes, sondern in der unterschiedlichen Art und Weise, in der diesem Gestalt gegeben wird. Die Hauptaufgabe demokratischer Politik besteht nicht darin, die Leidenschaften zu eliminieren oder sie in die Privatsphäre zu verbannen, um in der Öffentlichkeit einen rationalen Konsens herstellen zu können. Sie besteht vielmehr darin, diese Leidenschaften zu »sublimieren«, indem man sie für demokratische Zwecke fruchtbar macht und kollektive Identifikationsmöglichkeiten um demokratische Ziele schafft.

Agonismus und Antagonismus

Nachdem ich verdeutlicht habe, wie Agonismus und Antagonismus in meinem Ansatz miteinander in Beziehung stehen, kann ich mich nun der Frage widmen, was mein Verständnis von agonistischer Politik von einigen anderen Auffassungen unterscheidet. Nehmen wir als Beispiel Hannah Arendt. Das Hauptproblem des arendtschen Verständnisses von »Agonismus« besteht aus meiner Sicht darin, dass es sich, auf einen Nenner gebracht, um einen »Agonismus ohne Antagonismus« handelt. Damit meine ich, dass Arendt zwar großen Wert auf die Pluralität der Menschen legt und betont, Politik befasse sich mit der Gemeinschaft und dem Austausch zwischen Menschen, die sich voneinander unterscheiden, dass sie aber die Augen davor verschließt, dass diese Pluralität der Ursprung antagonistischer Konflikte ist. Politisch denken heißt Arendt zufolge, die Fähigkeit zu entwickeln, Dinge aus einer Vielzahl von Perspektiven zu betrachten. Wie ihr Verweis auf Kant und dessen Idee der »erweiterten Denkungsart« belegt, unterscheidet sich ihr Pluralismus nicht wesentlich von dem Habermas', ist er doch wie jener im Horizont der intersubjektiven Übereinkunft verankert. Tatsächlich ist das, wonach sie in Kants Lehre vom ästhetischen Urteil sucht, ein Verfahren, wie sich die intersubjektive Übereinkunft im öffentlichen Raum sicherstellen lässt.

Auch wenn sich die Ansätze erheblich unterscheiden: Letztlich stellt Arendt sich den öffentlichen Raum genau wie Habermas als einen Raum vor, in dem ein Konsens erzielt werden kann. Tatsächlich findet sich in ihren Schriften manche Formulierung, die ebenso gut von Habermas stammen könnte. In einem Interview mit Adelbert Reif von 1970 zum Beispiel skizzierte sie eine alternative politische Organisationsform zum Repräsentationssystem und kritisierte die Rolle der Parteien. Sie schlug vor, Parteien durch Räte zu ersetzen, da diese ihr geeigneter erschienen, Entscheidungen zu fällen. »Wenn nur zehn von uns um einen Tisch herumsitzen«, so Arendt, »und jeder seine Meinung sagt und sich die Meinungen der anderen anhört, so ermöglicht dieser Meinungsaustausch eine rationale Meinungsbildung.«[5]

Natürlich resultiert der Konsens anders als bei Habermas bei ihr nicht aus einem rationalen »Diskurs«, sondern aus dem Austausch von Ansichten und Meinungen (im Sinne von griech. *doxa*). Erwächst der Konsens für Habermas, wie Linda Zerilli angemerkt hat, aus dem, was Kant »disputieren« nennt – aus dem Austausch von Argumenten nach logischen Regeln –, so ist er für Arendt eine Frage des »Streitens«: Eine Einigung wird nicht durch unwiderlegbare Beweise erzielt, sondern durch Überredung.[6] Doch weder Arendt noch Habermas sind in der Lage, den hegemonialen Charakter jeglicher Form von Konsens und die Unauslöschlichkeit des Antagonismus – das, was Lyotard als »die Differenz« bezeichnet – zu erkennen.

Mein Verständnis von Agonismus unterscheidet sich auch von der von Arendt inspirierten Auffassung, die Bonnie Honig in ihrem Buch *Political Theory and the Displacement of Politics* formuliert hat.[7] Honig zufolge gibt es zwei Sichtweisen von Politik: die in den Werken von Kant, John Rawls oder Michael Sandel anzutreffende *virtue* und die von Machiavelli, Nietzsche und Arendt postulierte *virtú*. Im Zentrum der letzteren Sichtweise steht für Honig der agonistische Wettstreit, durch den die Bürger ermutigt werden, dafür zu sorgen, dass die Diskussion über politische Maßnahmen und Ideen nicht abreißt, und gegen jeden Versuch, die Debatte zu beenden, vehement zu protestieren. Was die Bedeutung des Wettstreits betrifft, bin ich mit ihr zwar einer Meinung, glaube jedoch nicht, dass man sich diese agonistische Auseinandersetzung einfach als fortgesetzte Kontroverse über Themen oder Identitäten vorstellen kann. Man muss sich auch die zentrale Bedeutung hegemonialer Artikulationen vergegenwärtigen sowie die Notwendigkeit, nicht nur das Bestehende infrage zu stellen, sondern auch neue Artikulationen und neue Institutionen zu entwerfen.

Exemplifizieren lassen sich die mit dem agonistischen Ansatz von Honig verbundenen Probleme an ihrer Haltung zum Feminismus. In einem Artikel mit der Überschrift »Toward an agonistic feminism: Arendt and the politics of identity« argumentiert Honig, die Bedeutung des Werks von Hannah Arendt für Feministinnen liege darin, dass es eine agonistische Politik der Performativität aufzeige, die, anstatt zu reproduzieren und zu beschreiben, »was« wir sind, durch die Schaffung neuer

Identitäten auf agonistische Weise herausarbeite, »wer« wir sind.[8]

Honig ist sich bewusst, dass Arendt sich nie als Feministin gesehen hat, gleichzeitig aber davon überzeugt, dass Arendts agonistischer Ansatz, dem zufolge das Selbst ein komplexer Ort der Mannigfaltigkeit ist, dessen Identitäten stets performativ produziert werden, dem Feminismus in besonderer Weise entspricht. Laut Honig ermöglicht es uns Arendt, den Feminismus als einen Ort der Kontroverse über Bedeutung, Praxis und politischer Signifikanz von Geschlecht und Sexualität zu sehen. Mary Dietz schreibt dazu, Honig vereinnahme Arendt, »um die festgefügte Positionalität von Identitäten mit einer Politik der irreduziblen Identitäten aufzubrechen und so eingefahrene Geschlechterrollen zu überwinden und Identität und den Begriff ›Frauen‹ von beschränkenden Kategorien, die das Handeln auf das Sein reduzieren und um der Gleichberechtigung und Gleichheit willen Unterschiede verwischen, zu befreien«.[9]

Im Ergebnis wird Identität durch »Identitäten« ersetzt, und Frauen können unmöglich als unhinterfragter Ausgangspunkt feministischer Politik dienen. Ein derartiger Feminismus, so Dietz, betrachte den öffentlichen politischen Raum als Austragungsort eines verbalen Disputs, in dessen Mittelpunkt nicht die Frage stehe, was wir tun sollten, sondern die Frage, wer wir sind.

Meiner Meinung nach reicht das nicht aus, um eine adäquate Form feministischer Politik zu entwickeln. Ich glaube nicht, dass die agonistische Auseinandersetzung sich ausschließlich auf die Dekonstruktion der »Werheit« und die Proliferation von Identitäten konzentrieren sollte, auf Kosten der Beschäftigung mit der Frage, was wir als Bürger tun sollten. Man könnte Honig in diesem Zusammenhang dasselbe entgegenhalten, was Hanna Pitkin in ihrem Artikel »Justice: On relating private and public« Hannah Arendt vorwirft: dass sie dem Aspekt der Freiheit, im Sinne des Handelns im Kontext von Sprechakten und der Präsentation des Selbst, zu sehr in den Vordergrund rückt und dabei das Problem der Gerechtigkeit – die Frage, was zu tun ist – nicht ernst genug nimmt.[10]

Auf ähnliche Probleme stößt man beim Ansatz eines weiteren agonistischen Theoretikers, William Connolly.[11] Connolly ist von Nietzsche beeinflusst und hat versucht, Nietzsches Begriff des »Agon« mit demokratischer Politik in Einklang zu bringen. Er fordert eine Radikalisierung der Demokratie durch ein von den Bürgern kultiviertes neues demokratisches Ethos des Engagements, das sie dazu veranlasst, in einen agonistischen Wettstreit einzutreten und allen Versuchen, die Debatte für beendet zu erklären, zu wehren. Im Fokus dieser Sichtweise steht der Gedanke des »agonistischen Respekts«, der sich für Connolly aus dem von allen geteilten existenziellen Zustand des Ringens um Identität ergibt und von der Erkenntnis unserer Begrenztheit bestimmt ist. Agonistischer Respekt ist für ihn die Kardinaltugend eines wahren Pluralismus, die wichtigste politische Tugend in unserer heutigen pluralistischen Welt.

Respekt ist bei den an einer agonistischen Auseinandersetzung beteiligten Kontrahenten zweifellos notwendig; im Hinblick auf die Grenzen des agonistischen Respekts wirft das allerdings eine wichtige Frage auf. Lassen sich alle Antagonismen in Agonismen umwandeln, und können alle Positionen als legitim akzeptiert und im Rahmen der agonistischen Auseinandersetzung abgehandelt werden? Oder gibt es Forderungen, die außen vor bleiben müssen, weil sie nicht Teil des konflikthaften Konsenses sein können, der den symbolischen Raum darstellt, innerhalb dessen die Gegner sich gegenseitig als legitime Kontrahenten anerkennen? Mit anderen Worten: Ist Pluralismus ohne Antagonismus vorstellbar?

Das sind die eigentlichen politischen Fragen, die Connolly nicht stellt, und deshalb halte ich seinen Ansatz als Bezugsrahmen für eine effektive demokratische Politik für ungeeignet. Um eine Vorstellung davon zu entwickeln, wie man politisch handeln sollte, ist der Augenblick der Entscheidung unumgänglich, und das erfordert das Ziehen von Grenzen, die Festlegung eines Raumes der In- bzw. Exklusion.

Ein Ansatz, der diesem Augenblick aus dem Weg geht, ist nicht in der Lage, die vorherrschende Hegemonie infrage zu stellen und die bestehenden Machtverhältnisse grundlegend zu verändern. Was Connolly mit seiner Idee des »agonistischen Respekts« vorschlägt, ist ein »pluralistisches Ethos«. Für die Konstitution einer neuen, transformativen demokratischen Politik, die Connolly für sich in Anspruch nimmt, reicht das freilich nicht aus. Die Bedeutung seiner Überlegungen zur Notwendigkeit, ein pluralistisches Ethos zu fördern, will ich gar nicht in Abrede stellen, aber ein echter politischer Ansatz muss sich mit den Grenzen des Pluralismus auseinandersetzen. Wie auch bei Bonnie Honig werden hier zwei Dimensionen ausgeblendet, die meiner Argumentation zufolge für die Politik zentral sind: Antagonismus und Hegemonie.

Der größte Makel der von Arendt und Nietzsche beeinflussten agonistischen Ansätze ist, dass sie nicht in der Lage sind, den Charakter der Auseinandersetzung um die Hegemonie zu erfassen, weil ihr Hauptaugenmerk auf dem Kampf gegen die Beendigung der Debatte liegt. Indem sie die Politik des Störfeuers feiern, vernachlässigen sie die Kehrseite eines solchen Kampfes: die Notwendigkeit, innerhalb der demokratischen Forderungen eine Äquivalenzkette herzustellen und eine alternative Hegemonie zu konstruieren. Wenn man eine Radikalisierung der Demokratie anstrebt, genügt es nicht, die vorherrschenden Verfahrensweisen ins Wanken zu bringen und die bestehende Ordnung außer Kraft zu setzen.

Gestehen wir zu, dass der Antagonismus unauslöschlich und jedwede Ordnung hegemonialer Natur ist, so ist die entscheidende Frage, die sich im Hinblick auf die Politik stellt, unausweichlich: Wo liegen die Grenzen des Agonismus und welche Institutionen und Formen der Machtausübung gilt es zu schaffen, um einen Prozess der Radikalisierung der Demokratie zu ermöglichen? Das setzt voraus, dass wir uns dem Augenblick der Entscheidung nicht entziehen, und das setzt notwendig voraus, die Debatte in irgendeiner Form zu beenden. Ein ethischer Diskurs kann diesen Augenblick möglicherweise umgehen, ein politischer definitiv nicht.

Diese Unfähigkeit, den unvermeidlichen, für das Politische konstitutiven Augenblick der Beendigung der Debatte zu erfassen, ist die notwendige Konsequenz aus einem Ansatz, der den Pluralismus als bloße Aufwertung der Vielfalt betrachtet und so der konstitutiven Rolle des

Konflikts und des Antagonismus aus dem Weg geht. Mein Ansatz dagegen sieht dem konstitutiven Charakter gesellschaftlicher Gegensätze und der Unmöglichkeit einer endgültigen Überbrückung dieser Gegensätze ins Auge.

Beide Ansätze sind sich bewusst, dass man sich das Volk in einer modernen Demokratie nicht als »Einheit« vorstellen kann. Während jedoch der erste Ansatz das Volk als »vielfältig« betrachtet, erscheint es im zweiten als »gespalten«. Erst wenn man die Unauslöschlichkeit von Gegensätzen und Antagonismus zur Kenntnis nimmt, kann man wahrhaft politisch denken.

Ethik oder Politik

Mir ist bewusst, dass der Zeitgeist unserer Tage einem solchen Verständnis des »Politischen« nicht gerade gewogen ist, erfreut sich die Tendenz, diesen Bereich aus dem ethischen Blickwinkel zu betrachten, doch wesentlich größerer Beliebtheit. Als Beispiele für diesen »ethical turn« könnten mehrere Autoren aus unterschiedlichen theoretischen Richtungen dienen; ich habe mich entschlossen, hier ein paar Worte zu Alain Badiou zu sagen. Badiou ist ein besonders interessanter Fall, weil man ihn auf den ersten Blick nicht im ethischen Lager vermuten würde. Und doch ist es Oliver Marchart zufolge genau dort, wo sein Politikverständnis zu verorten ist.[12] Marcharts Erörterung von Badious Ansatz stützt meine These von der derzeitigen Verdrängung des Politischen durch das Ethische.

Auch Badiou macht einen Unterschied zwischen dem Politischen und der Politik, aber seine Definition unterscheidet sich von der meinen. Mit *le politique* (das Politische) bezeichnet er die traditionelle politische Philosophie, mit *la politique* (Politik) seine eigene Position. Im Zentrum von Badious Kritik, so Marchart, steht Hannah Arendt, weil sie argumentiert, Wahrheit sei keine Kategorie der politischen Sphäre. Eine politische Philosophie, die für Meinungsvielfalt eintritt und die Idee der Wahrheit ausblendet, mündet für Badiou zwangsläufig in einem Plädoyer für den Parlamentarismus. Der Charakterisierung des Politischen als Pluralität der Meinungen stellt Badiou die Singularität einer Politik gegenüber, die von Subjekten betrieben wird, die nicht durch den wechselseitigen Austausch von Meinungen definiert sind, sondern durch ihre einzigartige Beziehung zu einem Wahrheitsereignis.

Politik, sagt Badiou, ist die Abfolge von Wahrheit und Ereignis, und er besteht darauf, dass das Ereignis sich nur ereignen kann, wenn man alle Fakten beiseitelässt und etwas treu ist, was kein gegebener realer Akt ist. In der Tat ist ein Ereignis eine vorübergehende Unterbrechung des Realen. Man kann es nicht vorhersagen, da es einen Bruch mit dem Status der Situation darstellt. Es ist die Entscheidung eines Subjekts, einem Ereignis treu zu bleiben, die eine Wahrheit hervorbringt. In Badious eigenen Worten: »Man nennt ›Wahrheit‹ (*eine* Wahrheit) den wirklichen Prozess der Treue zu einem Ereignis: das, was diese Treue in der Situation *hervorbringt*.«[13]

In seiner Analyse von Badious Politikverständnis merkt Marchart zu Recht an: »Indem Badiou, wie in seinen Büchern *Ethik* und *Paulus*, die politische Seite seiner Theorie auf der Idee der Treue aufbaut, gibt er einer ethischen Sichtweise der Politik den Vorzug. Politisches Handeln wird somit zu einem ethischen und quasireligiösen Bemühen, durch das eigene Denken und Handeln einem bestimmten Ereignis treu zu bleiben.«[14] Und wenn er sich fragt, ob man Badious Politik des Unbedingten eigentlich noch als Politik bezeichnen kann oder ob man nicht eher von einer Ethik sprechen sollte, so muss die Antwort meines Erachtens definitiv Letzteres sein. Auch stimme ich mit seiner Ansicht überein, eine strenge Ethik des Unbedingten sei mit dem Feld der Politik, die sich stets mit dem Bedingten befasst, offensichtlich unvereinbar. Wie können wir eine »Politik der Wahrheit« auf dem Terrain der realen Politik ins Werk setzen? Eine solche Aufforderung ist zweifellos nicht nur mit jenem Typus eines liberalen, demokratischen Pluralismus inkompatibel, den Badiou ablehnt, sondern mit jedwedem radikaldemokratischen Projekt und führt uns daher in eine politische Sackgasse.

Dem von mir befürworteten Ansatz zufolge ist der Bereich der Politik nicht der Bereich des Unbedingten, und er kann es auch nicht sein, erfordert er doch Entscheidungen in einem unentscheidbaren Terrain. Daher ist jene Art von Ordnung, die von einer bestimmten hegemonialen Machtkonfiguration hervorgebracht wird, stets eine politische und anfechtbare; sie sollte niemals als von höherer Stelle diktiert gerechtfertigt und als einzig legitime hingestellt werden.

Um eine Ordnung zu errichten, muss man, wie bereits dargelegt, Grenzen ziehen und dem Moment ins Auge blicken, da die Debatte für beendet erklärt werden muss. Doch diese Grenze ist das Ergebnis einer politischen Entscheidung; sie wird auf der Basis einer bestimmten Wir/Sie-Unterscheidung konstituiert und sollte aus ebendiesem Grund als etwas Vorläufiges und Anfechtbares betrachtet werden. Das Kennzeichen demokratischer Politik ist die Konfrontation zwischen konkurrierenden hegemonialen Projekten, eine Konfrontation, bei der eine endgültige Versöhnung ausgeschlossen ist. Will man eine solche Konfrontation nicht in ethischen, sondern in politischen Kategorien erfassen, so muss man eine Reihe strategischer Fragen über die von einer bestimmten Politik angestrebte Art des »Wir« sowie über die dafür nötige Äquivalenzkette stellen.

Dies kann nicht ohne die Definition eines Kontrahenten erfolgen, eines »Sie«, das dem »Wir« als »konstitutives Außen« dienen kann. Man könnte es den »Augenblick des Politischen« nennen: die Erkenntnis des konstitutiven Charakters gesellschaftlicher Gegensätze und der Unauslöschlichkeit des Antagonismus. Aus diesem Grund können Theoretiker, die nicht in der Lage oder willens sind, diese Dimension zur Kenntnis zu nehmen, keine brauchbare Anleitung liefern, mit der sich der Charakter radikaler Politik beschreiben ließe.

1 Ernesto Laclau/Chantal Mouffe, *Hegemonie und radikale Demokratie. Zur Dekonstruktion des Marxismus*, Wien: Passagen Verlag 1991 [1985].

2 Chantal Mouffe, *The Return of the Political*, London/New York: Verso 1993; dies., *Das demokratische Paradox*, Wien: Turia & Kant 2008 [2000]; dies., *Über das Politische. Wider die kosmopolitische Illusion*, Frankfurt am Main: Suhrkamp 2007 [2005].

3 Vgl. Henry Staten, *Wittgenstein and Derrida*, Lincoln: University of Nebraska Press 1984.

4 Ausführlicher findet sich diese Argumentation im 4. Kapitel meines Buches *Das demokratische Paradox* (a. a. O.).

5 Hannah Arendt, »Thoughts on politics and revolution«, in: *Crisis of the Republic*, New York: Houghton Mifflin Harcourt 1969, S. 199-234, S. 233.

6 Linda Zerilli, »We feel our freedom. Imagination and judgement in the thought of Hannah Arendt«, in: *Political Theory* 33/2 (2005), S. 158-188.

7 Bonnie Honig, *Political Theory and the Displacement of Politics*, Ithaca (NY): Cornell University Press 1993.

8 Bonnie Honig, »Toward an agonistic feminism. Arendt and the politics of identity«, in: *Feminist Interpretations of Hannah Arendt*, herausgegeben von Bonnie Honig, University Park (PA): Pennsylvania State University Press 1995, S. 135-166.

9 Mary Dietz, »Feminist receptions of Hannah Arendt«, in: *Feminist Interpretations of Hannah Arendt*, herausgegeben von Bonnie Honig, a. a. O., S. 17-50.

10 Hanna Fenichel Pitkin, »Justice. On relating private and public«, in: *Political Theory* 9/3 (1981), S. 327-352.

11 Vgl. z. B. William E. Connolly, *Pluralism*, Durham (NC): Duke University Press 2005.

12 Oliver Marchart, *Post-Foundational Political Thought: Political Difference in Nancy, Lefort, Badiou and Laclau*, Edinburgh: Edinburgh University Press 2007.

13 Alain Badiou, *Ethik. Versuch über das Bewusstsein des Bösen*, Wien: Turia + Kant 2003 [1993], S. 63.

14 Marchart, *Post-Foundational Political Thought*, a. a. O., S. 129.

2. Welche Demokratie für eine multipolare, agonistische Welt?

Ich habe mein agonistisches Modell im Kontext eines ganz bestimmten politischen Systems ausgearbeitet: der liberalen pluralistischen Demokratie. Dennoch bin ich der Überzeugung, dass einige Erkenntnisse – beispielsweise wie wichtig es ist, Möglichkeiten zu eröffnen, damit Konflikte eine »agonistische« Form annehmen können, um der Entstehung von antagonistischen Konflikten vorzubeugen – auch für das Feld der internationalen Beziehungen von Nutzen sein können. Selbst wenn sich das derzeit allmählich ändert: Seit dem Ende des Kalten Krieges leben wir im Wesentlichen in einer unipolaren Welt. Der Mangel an erkennbaren Alternativen zur vorherrschenden hegemonialen Ordnung hat jene, die sich gegen diese Ordnung aufzulehnen versucht haben, daran gehindert, legitime Ausdrucksformen für ihren Protest zu finden.

Wie ich in *Über das Politische* dargelegt habe, liegt die Ursache für die zunehmende Verbreitung von Diskursen und Praktiken, die die etablierte internationale Ordnung radikal negieren, im Fehlen politischer Kanäle, über die sich die Hegemonie des neoliberalen Globalisierungsmodells infrage stellen ließe.

Die Reflexion über die Gefahren, die damit einhergehen, die Welt als »Universum« wahrzunehmen, hat mich dazu veranlasst, jene Theoretiker zu kritisieren, die auf je unterschiedliche Weise der Etablierung einer kosmopolitischen Demokratie das Wort reden. Mein Haupteinwand gegen den kosmopolitischen Ansatz lautet, dass er unabhängig von seiner Ausprägung die Realisierbarkeit einer Welt jenseits von Hegemonie und jenseits von Souveränität postuliert und damit die Dimension des Politischen negiert. Außerdem gründet er in der Regel auf der Universalisierung des westlichen Modells und schafft somit keinen Raum für eine Pluralität an Alternativen. Wenn wir das Ziel von Politik – sei es auf nationaler oder internationaler Ebene – darin sehen, einen Konsens auf der Basis eines einzigen Modells herzustellen, das sollten wir uns bewusst machen, so schließen wir die Möglichkeit des legitimen Dissenses aus und bereiten dadurch der Entstehung gewaltsamer Formen des Antagonismus den Boden.

Meine Kritik am Kosmopolitismus in *Über das Politische* richtete sich in erster Linie gegen das Modell einer kosmopolitischen Demokratie, wie es von David Held, Daniele Archibugi und Ulrich Beck vertreten wird. Ihrer Argumentation zufolge kann unter den derzeitigen Bedingungen der Globalisierung und nach dem Zusammenbruch des Kommunismus das kantianische kosmopolitische Projekt endlich Wirklichkeit werden.[1]

Aber es gibt natürlich auch andere Spielarten des Kosmopolitismus; tatsächlich wächst die Zahl der Theoretiker, die den Versuch unternehmen, das kosmopolitische Projekt neu zu formulieren und dabei die Kritikpunkte zu berücksichtigen, die gegen die kantianische Version vorgebracht wurden. Neben dem traditionellen, von Kant inspirierten, universalistischen Kosmopolitismus derer, die, wie Martha Nussbaum, fordern, unsere Loyalität solle in erster Linie der »weltweiten Gemeinschaft der Menschen« gelten, findet sich eine wachsende Anzahl an »neuen Kosmopoliten«, die eine solche Perspektive ablehnen und den Kosmopolitismus auf den Boden der Tatsachen zurückholen wollen, indem sie die realen Machtverhältnisse und die Notwendigkeit politisch tragfähiger Bündnisse zur Kenntnis nehmen.

Dieser neue Kosmopolitismus existiert in einer Vielzahl von Formen, wie dem »diskrepanten Kosmopolitismus« von James Clifford, dem »traditionellen Kosmopolitismus« von Homi Bhabha und Dipesh Chakrabarty, dem »multisituierten Kosmopolitismus« von Bruce Robbins, dem »postkolonialen Kosmopolitismus« von Walter Mignolo und dem »kritischen Kosmopolitismus« von Paul Rabinow. All diese Theoretiker versuchen den als abstrakten Maßstab für weltweite Gerechtigkeit empfundenen Kosmopolitismus mit dem Bedürfnis und der Notwendigkeit in Einklang zu bringen, auf Ebenen, die unterhalb der gesamten Spezies angesiedelt sind, dazuzugehören und zu handeln. Ihr Ziel besteht darin, auf transnationaler Ebene ein Gefühl der Reziprozität und Solidarität zu fördern, und sie legen gesteigerten Wert auf die Herausarbeitung der negativen Folgen wirtschaftlicher, politischer und kultureller Modelle neoliberaler Prägung. Dieser neue Kosmopolitismus misst Werten wie Rationalität und Universalität keine besonders große Bedeutung bei und kritisiert den Eurozentrismus, der aus seiner Sicht im Zentrum des traditionellen, in der Aufklärung und der europäischen Erfahrung der Moderne wurzelnden Kosmopolitismus steht.

Für die Kritik am Eurozentrismus, die man bei Vertretern des neuen Kosmopolitismus antrifft, habe ich durchaus Verständnis, und vieles von ihnen Vorgetragene steht im Einklang mit der Argumentation, die ich in diesem Kapitel ausarbeiten werde. Gleichzeitig habe ich jedoch ernsthafte Vorbehalte gegen diesen Ansatz. Erstens verstehe ich nicht ganz, welchen Sinn es hat, den Begriff des Kosmopolitismus neu zu definieren, so dass er fast das Gegenteil seiner ursprünglichen Bedeutung bezeichnet – etwa wenn die Befürworter des neuen Kosmopolitismus von einem »verwurzelten Kosmopolitismus« sprechen. Zwar ist es zweifellos wichtig, die Notwendigkeit transnationaler Solidarität und Reziprozität zu betonen, doch könnte dies auch mithilfe eines anderen Begriffs geschehen, der weniger mit ebenjenem abstrakten Universalismus behaftet ist, den die Vertreter des neuen Kosmopolitismus doch eigentlich überwinden wollen.

Das größere Problem, das ich mit dem neuen Kosmopolitismus habe, ist allerdings, dass er genau wie der traditionelle Kosmopolitismus, nur auf andere Weise, »das Politische« in seiner antagonistischen Dimension ausblendet. Es geht ihm in erster Linie um ein Bewusstsein für die Vielfalt an Loyalitäten und unterschiedlichen Formen der Zugehörigkeit, und er scheint zu glauben, dass das Ideal des Weltbürgers, richtig definiert, den für den Aufbau einer gerechteren Gesellschaft erforderlichen ethischen Rahmen bilden könnte. Der abstrakte Universalismus des kantianischen Modells wird zugunsten eines neuen, »pluralistischen Universalismus« abgelehnt. Woran es diesem Ansatz jedoch mangelt, ist die Anerkennung des notwendigerweise konflikthaften Charakters des Pluralismus. Der Pluralismus der Verfechter des neuen Kosmopolitismus ist ein weiteres Beispiel für das, was ich als einen »Pluralismus ohne Antagonismus« bezeichne.

Sooft die »neuen Weltbürger« auch auf den »verwurzelten« Charakter ihrer Vision verweisen mögen: von der Kernbedeutung des Kosmopolitismus, der die gemeinsame Zugehörigkeit jenseits aller Unterschiede betont und individuelle Loyalitäten gegenüber bestimmten Gemeinschaften verwässert, können sie sich nicht freimachen. Letzten Endes bekräftigt ihre universalistische Perspektive die Hegemonie der westlichen Moderne.

Um das Politische in seiner antagonistischen Dimension zu erfassen, muss man zur Kenntnis nehmen, dass die Welt kein »Universum« ist, sondern ein »Pluriversum«. Das wirft folgende Frage auf: Wenn wir, anders als die Kosmopolitismus-Theoretiker, anerkennen, dass jede Ordnung hegemonialer Natur ist und dass es »jenseits von Hegemonie« keine Ordnung geben kann; wenn wir uns gleichzeitig vor Augen halten, welche negativen Folgen mit einer unipolaren Welt und der Hegemonie einer Hypermacht verbunden sind – wie sieht dann die Alternative aus? Meiner Meinung nach liegt die einzige Lösung in der Pluralisierung der Hegemonien. Wir sollten uns von der illusorischen Hoffnung auf eine politische Einigung der Welt verabschieden und uns für die Etablierung einer multipolaren Weltordnung einsetzen. Eine solche Weltordnung könnte man insofern als »agonistisch« bezeichnen, als sie eine Vielzahl regionaler Pole anerkennt, die nach unterschiedlichen wirtschaftlichen und politischen Modellen organisiert sind, ohne dass es eine zentrale Autorität gäbe. Ich behaupte selbstverständlich nicht, dass damit allen Konflikten ein Ende bereitet wäre, aber ich bin überzeugt, dass im Vergleich zu einer Welt, in der *ein* wirtschaftliches und politisches

Modell als das einzig legitime dargestellt und im Namen seiner angeblich überlegenen Rationalität und Moralität allen übergestülpt wird, die Wahrscheinlichkeit sänke, dass diese Konflikte eine antagonistische Form annehmen.

Wenn ich von einer »agonistischen« Weltordnung spreche, das ist mir in diesem Zusammenhang wichtig festzuhalten, dann versuche ich damit nicht, mein auf nationaler Ebene entwickeltes agonistisches Modell im Wortsinne auf das Feld der internationalen Beziehungen »anzuwenden«. Vielmehr arbeite ich einige Parallelen zwischen diesen beiden sehr unterschiedlichen Bereichen heraus. Es kommt mir darauf an zu betonen, dass es in beiden Fällen zuallererst darum geht, die Dimension »des Politischen« zur Kenntnis zu nehmen sowie die mit Pluralismus notwendigerweise einhergehenden Konflikte. Anstatt zu versuchen, einen Konsens herzustellen, der die Gefahr des Antagonismus von Grund auf beseitigt, müssen wir uns bewusst machen, dass die entscheidende Aufgabe sowohl auf nationaler als auch auf internationaler Ebene darin besteht, Formen des Umgangs mit Konflikten zu finden, die die Gefahr, dass diese eine antagonistische Form annehmen, minimieren.

Natürlich ist die Lage auf der nationalen und der internationalen Ebene grundverschieden. Der auf unterschiedlichen Interpretationen gemeinsamer ethisch-politischer Prinzipien beruhende »konflikthafte Konsens«, wie er meiner Argumentation zufolge für die Realisierung eines agonistischen, liberaldemokratischen Modells auf nationaler Ebene Voraussetzung ist, kann auf globaler Ebene nicht gefunden werden. Ein solcher Konsens setzt nämlich die Existenz einer politischen Gemeinschaft voraus, die auf globaler Ebene schlicht und einfach nicht existiert. Um sich eine Weltordnung im Sinne einer Pluralität hegemonialer Blöcke überhaupt vorstellen zu können, muss man sich von der Idee verabschieden, dass diese Teil einer übergreifenden moralischen und politischen Einheit sein müssten. Die Illusion von einer globalen Ethik, einer globalen Zivilgesellschaft und andere kosmopolitische Träume hindern uns an der Erkenntnis, dass das Einzige, worauf man im Bereich der internationalen Beziehungen zählen kann, kluge Verträge sind. Alle Versuche, durch ein globales Abkommen den »Naturzustand« zwischen Staaten ein für alle Mal zu überwinden, stoßen auf unüberwindliche Schwierigkeiten.

Norberto Bobbios institutioneller Pazifismus

Ein gutes Beispiel für diese Schwierigkeiten ist Norberto Bobbios Modell des »institutionellen Pazifismus«. Bobbios kosmopolitischer Ansatz beruht auf der Anwendung des hobbesschen Kontraktualismus auf die Beziehungen zwischen Staaten. Zur Schaffung einer internationalen Friedensordnung, argumentiert Bobbio auf der Grundlage von Hobbes' Unterscheidung zwischen *pactum societatis* und *pactum subjectionis*, müssten sich die Staaten in einem ersten Schritt durch einen Nichtangriffspakt und eine Reihe von Regeln für die Beilegung von Meinungsverschiedenheiten zunächst zu einer dauerhaften Vereinigung zusammenschließen. An diesen *pactum societatis* sollte sich ihre Unterordnung unter eine gemeinsame Macht anschließen, die, notfalls mit Gewalt, für die Einhaltung der geschlossenen Verträge sorgt (*pactum subjectionis*). Dabei unterscheidet Bobbio drei Phasen: Die erste, die polemische Phase, bezieht sich auf den Naturzustand, in dem Konflikte ausnahmslos mit Gewalt gelöst werden; die zweite, die agonistische Phase, entspricht dem *pactum societatis*, der die Beilegung von Konflikten durch gegenseitige Gewaltanwendung ausschließt und stattdessen Verhandlungslösungen anstrebt; und schließlich die friedfertige Phase, in der ein *pactum subjectionis* in Kraft ist und es eine neutrale Macht gibt, die in der Lage ist, den in der agonistischen Phase geschlossenen Vereinbarungen Geltung zu verschaffen.

Mit der friedfertigen Phase wäre die Überwindung des Naturzustands im Bereich der internationalen Beziehungen erreicht. Die Phase eines *pactum subjectionis* sei zwar noch nicht erreicht, so Bobbio, doch die Gründung der Vereinten Nationen sei ein riesiger Schritt in diese Richtung gewesen. Man müsse zwischen zwei Arten von »Richtern« unterscheiden:

> »dem, der trotz seiner höheren Autorität nicht die Macht hat, seine Entscheidung durchzusetzen (so wie es im Völkerrecht bis heute der Fall ist), und einem anderen, dessen höhere Autorität ihm diese Macht verleiht, weil der Unterwerfungsvertrag ihm und nur ihm die Anwendung legitimer Gewalt erlaubt. Erst wenn der Richter über diese Durchsetzungskraft verfügt, ist die friedfertige Phase voll und ganz erreicht.«[2]

Derzeit haben die Vereinten Nationen die Rolle eines machtlosen »neutralen Richters« inne. Das liegt daran, dass die Staaten nach wie vor souverän sind und ihr Gewaltmonopol noch nicht an eine übergeordnete Autorität abgegeben haben, die über das exklusive Recht zur Gewaltanwendung verfügt. Für Bobbio erfordert eine internationale Friedensordnung den Abschluss des Übergangs von der agonistischen zur friedfertigen Phase, indem die militärische Gewalt in der Hand einer übergeordneten internationalen Autorität konzentriert wird.

Bobbios Plan ist zwar von Thomas Hobbes inspiriert, hebt sich jedoch in zweifacher Hinsicht deutlich von dessen Modell ab. Einen am Vorbild des *Leviathan* orientierten Unterwerfungsvertrag kann es nur innerhalb eines Staates geben. Hobbes hat betont, dass der Übergang vom Naturzustand zu einem Zusammenschluss von Staaten auf der Ebene der internationalen Beziehungen nicht möglich ist, und mehrfach bestritten, dass es zwischen Staaten zu einem *pactum societatis* und einem *pactum subjectionis* kommen könne. Im Übrigen war der Staat, von dem Hobbes sprach, ein autokratischer. Bobbio geht einen Schritt weiter: Er versucht nicht nur, dieses Modell auf zwischenstaatliche Beziehungen zu übertragen, sondern wünscht sich darüber hinaus, dass die neutrale Macht eine demokratische Form annimmt. Daher sein Beharren darauf, dass die Übertragung der Durchsetzungskraft auf eine übergeordnete Macht das Ergebnis eines universellen, auf demokratischen Verfahren beruhenden Vertrags sein sollte.

Damit behauptet Bobbio, Frieden und Demokratie seien untrennbar miteinander verbunden. Damit die Macht des internationalen Leviathan nicht repressiver Natur ist, sei es wichtig, dass der Vertrag, durch den der »suprastaatliche« Inhaber des internationalen Gewaltmonopols rechtmäßig eingesetzt wird, durch demokratische, aufgrund ihrer Verfassung zum Schutz der Grundrechte ihrer Bürger verpflichtete Staaten geschlossen wird.

Bleibt das Problem, dass nicht alle Staaten auf der Welt Demokratien sind. Das führt zu Schwierigkeiten, die Bobbio offen eingesteht:

> »Ich bin mir sehr bewusst, dass meine gesamte Argumentation auf einer Annahme aufbaut, die von der kantianischen Idee inspiriert ist, Friede sei nur zwischen Staaten mit derselben Regierungsform möglich – nämlich zwischen Republiken (in denen kollektive Entscheidungen vom Volk getroffen werden) –, sowie von der Vorstellung, auch die Vereinigung der Staaten müsse eine republikanische Form haben [...]. Wie jede Annahme, so lässt sich auch meine These einfach als hypothetische ›Wenn-/Dann‹-Aussage formulieren: ›Wenn alle Staaten Republiken wären, wenn die Gemeinschaft der Staaten republikanisch organisiert wäre, dann ...‹ Das ›Wenn‹ ist das Problem.«[3]

Tatsächlich ist Bobbio in einem Teufelskreis gefangen, den er so beschreibt:

> »[...] Staaten können nur innerhalb einer vollständig demokratisierten internationalen Staatengemeinschaft Demokratien werden, doch eine vollständig demokratisierte internationale Staatengemeinschaft setzt voraus, dass alle ihre Mitgliedsstaaten Demokratien sind. Der Abschluss des einen Prozesses wird dadurch behindert, dass der andere noch nicht abgeschlossen ist.«[4]

Dennoch hat Bobbio Hoffnung für die Zukunft, da die Zahl der Demokratien seiner Ansicht nach zunimmt.

Daher zeigt er sich überzeugt, dass die Demokratisierung der internationalen Staatengemeinschaft in vollem Gang sei.

*

Zu den vielen, die sich dieser optimistischen Sichtweise nicht anschließen würden, gehört Robert Kagan. Die globale Konkurrenz zwischen liberalen und autokratischen Regimen, prophezeit Kagan in seinem Buch *Die Demokratie und ihre Feinde: Wer gestaltet die neue Weltordnung?*, werde sich in den kommenden Jahren vermutlich verschärfen.[5] Kagan ist natürlich ein Neokonservativer, dem es um die Aufrechterhaltung der hegemonialen Stellung Amerikas zu tun ist. Doch auch viele Linke sehen Bobbios optimistischen Ausblick in die Zukunft mit Skepsis. Trotz alledem, was mit Begriffen wie »internationale Gemeinschaft« und »globale Zivilgesellschaft« so häufig beschworen werde, so ihre Argumentation, habe die Globalisierung keine echte politische Vereinheitlichung der Welt hervorgebracht. Anstatt »flach« oder »glatt« geworden zu sein, wird die Welt immer fragmentierter, und viele Gräben zwischen einzelnen Regionen sind tiefer geworden. »Entgegen der allzu optimistischen Behauptungen der Theoretiker der Modernisierung und Angleichung«, so Danilo Zolo, »sorgt die Globalisierung nicht für eine kulturelle Homogenisierung der Welt – ganz im Gegenteil, denn sie facht partikularistische Gegenbewegungen an, die sich für den Fortbestand von in Nationen und ethnischen Gruppierungen verwurzelten kulturellen Normen einsetzen.«[6]

Was wir derzeit laut Zolo erleben, ist ein Prozess der Verwestlichung im Sinne einer »kulturellen Homogenisierung ohne Integration«. Anstelle des Projekts einer »kontraktualistischen« Vereinheitlichung des weltweiten politischen Systems, wie Bobbio es befürwortet, werden wir Zeugen des Versuchs einer hegemonialen Vereinheitlichung. Und ebendieser Versuch bringt in immer größerer Zahl gewaltsame Formen des Widerstands hervor.

Die entscheidende Frage lautet jedoch nicht, ob Pessimismus oder Optimismus angezeigt sei. Wir sollten uns dem Thema aus einer anderen Richtung annähern. Wenn, wie ich behaupte, jede Ordnung notwendigerweise hegemonialer Natur ist, so steht außer Frage, dass die politische Vereinheitlichung der Welt, so es jemals dazu kommen sollte, nur unter der Hegemonie einer Zentralgewalt vonstattengehen könnte. Der von Bobbio beschriebene demokratische internationale Leviathan – geschaffen durch einen Unterwerfungsvertrag, mit dem alle Staaten sich in einem demokratischen Verfahren darauf einigen, dass ein neutraler Richter die Macht haben soll, ihre Konflikte mit Zwang zu lösen – kann nur eine globale Hegemonialmacht sein.

Die demokratische Weltordnung, für die Bobbio eintritt, ist in Wirklichkeit eine unipolare Welt, in der das westliche Demokratiemodell im Namen des Universalismus der ganzen Welt übergestülpt würde. Die Folgen wären verheerend; lässt sich doch bereits heute beobachten, wie die derzeitigen Versuche einer Homogenisierung der Welt in jenen Gesellschaften, deren ureigene Werte und Kultur durch die erzwungene Universalisierung des westlichen Modells bedroht sind, gewaltsame

Reaktionen auslösen. Unbestreitbar hat der Zerfall der Sowjetunion keineswegs einer friedlicheren Welt den Boden bereitet, sondern vielmehr die Entstehung neuer Antagonismen befördert.

Welche Art von Demokratie soll eine multipolare agonistische Welt prägen?

Welche Konsequenzen ergeben sich aus meinem Ansatz für die Demokratie? Was wird in einer multipolaren Weltordnung aus ihr? Erfordert die mir vorschwebende multipolare, agonistische Welt, dass wir uns von der Idee verabschieden müssen, die Demokratie auf der ganzen Welt verbreiten zu können? Dieser Frage will ich im Folgenden nachgehen.

Dass eine multipolare Welt nicht notwendigerweise eine demokratische sein wird, ist evident. Einige ihrer Pole dürften nach anderen politischen Prinzipien verfasst sein, so dass eine Koexistenz gegensätzlicher politischer Systeme unvermeidlich ist. Und genau das erleben wir ja derzeit auch, während die Welt vor unseren Augen erste Schritte hin zu einer multipolaren Ordnung unternimmt, in der China – ganz gewiss kein demokratischer Staat – zweifellos eine gewichtige Rolle spielen wird. Meiner Überzeugung nach ist eine multipolare Welt selbst dann einer unipolaren vorzuziehen, wenn die regionalen Pole nicht demokratisch verfasst sind, denn eine multipolare Welt läuft weniger Gefahr, der Entstehung extremer Formen von Antagonismen Nahrung zu geben.

Die Möglichkeit, dass eines Tages die ganze Welt demokratisch sein könnte, müssen wir deshalb nicht verwerfen. Wir müssen uns dieser Frage nur aus einem ganz anderen Blickwinkel nähern, als es gemeinhin geschieht. Wir müssen uns von dem Anspruch verabschieden, der Prozess der Demokratisierung müsse in der weltweiten Übernahme des liberalen, demokratischen Modells westlicher Prägung bestehen. Die Demokratie kann in einer multipolaren Welt eine Vielzahl an Formen annehmen, da das Ideal der Demokratie in verschiedenen Kontexten auf unterschiedliche Weise realisiert werden kann.

Wie ich in *Das demokratische Paradox* dargelegt habe, ist die liberale Demokratie ein Konstrukt, in dem sich zwei unterschiedliche Traditionen vereinen: der Liberalismus mit seiner Betonung der individuellen Freiheit und allgemeingültiger Rechte sowie die Demokratie, die der Idee der Gleichheit und der »Herrschaft des Volkes«, also dem Prinzip der Volkssouveränität, Vorrang einräumt.[7] Dieses Konstrukt ist kein notwendiges, sondern ein kontingentes; es ist das Ergebnis einer ganz bestimmten historischen Entwicklung. Das liberale, demokratische Modell, einschließlich der ihm eigenen Idee der Menschenrechte, ist Ausdruck eines bestimmten kulturellen und historischen Kontextes, in dem, wie häufig angemerkt wurde, die jüdisch-christliche Tradition eine zentrale Rolle spielt. Dieses Demokratiemodell ist für unsere Lebensweise grundlegend und es verdient zweifellos unsere Loyalität, aber es gibt keinen Grund, es als einzig legitime Organisationsform menschlicher Koexistenz darzustellen und zu versuchen, es dem Rest der Welt aufzuzwingen. Offensichtlich ist der Individualismus, wie er in westlichen Gesellschaften vorherrscht, vielen anderen Kulturen, deren Traditionen auf anderen Werten beruhen, fremd. Demokratie, im Sinne einer »Herrschaft des Volkes«, kann daher andere Formen annehmen – etwa Formen, in denen dem Wert der Gemeinschaft eine höhere Bedeutung beigemessen wird als der Idee der individuellen Freiheit.

Der vorherrschenden Sichtweise nach, die sich in vielen unterschiedlichen Strömungen der politischen Theorie wiederfindet, setzt moralischer Fortschritt die Übernahme des westlichen liberal-demokratischen Modells voraus, weil dieses der einzig denkbare institutionelle Rahmen sei, um den Menschenrechten Geltung zu verschaffen. Diese These ist zurückzuweisen, doch das bedeutet nicht automatisch, die Idee der Menschenrechte über Bord zu werfen. Tatsächlich könnten die Menschenrechte auch weiterhin eine Rolle spielen – unter der Bedingung, dass sie so umformuliert werden, dass eine Vielzahl an Interpretationen möglich ist.

Wertvolle Denkanstöße liefern in diesem Zusammenhang die Schriften von Raimundo Panikkar. Um die Bedeutung der Menschenrechte zu verstehen, so Panikkar in seinem Artikel »Is the notion of human rights a western concept?«, müsse man der Frage auf den Grund gehen, welche Funktion diese Idee in unserer Kultur hat.[8] Erst dann könnten wir beurteilen, ob diese Funktion in anderen Kulturen auf andere Weise erfüllt wird. Panikkar drängt uns zu erkunden, ob es möglicherweise »homöomorphe« Vorstellungen von den Menschenrechten gibt, wie er sie nennt: Vorstellungen in anderen Kulturen, die unserem Konzept der Menschenrechte funktional entsprechen. Ein Blick auf die westliche Kultur macht deutlich, dass die Menschenrechte als grundlegende Kriterien für die Achtung der Menschwürde und als notwendige Vorbedingung für eine gerechte gesellschaftliche und politische Ordnung betrachtet werden. Die Frage, die wir stellen müssen, lautet daher, ob andere Kulturen auf dieselbe Frage andere Antworten geben.

Führt man sich vor Augen, dass es bei den Menschenrechten letztlich um die Menschenwürde geht, so wird unmittelbar klar, dass man sich dieser Frage aus unterschiedlichen Blickwinkeln nähern und zu unterschiedlichen Antworten kommen kann. Was wir in der westlichen Kultur als »Menschenrechte« bezeichnen, ist in Wirklichkeit eine kulturspezifische Art und Weise, der Menschenwürde Geltung zu verschaffen, und es wäre eine Anmaßung, diese zur einzig legitimen zu erklären. Allein die Formulierung dieses Konzeptes in Form von »Rechten«, darauf haben zahlreiche Theoretiker hingewiesen, so angemessen sie für den modernen liberalen Individualismus sein mag, kann unangemessen sein, um die Frage der Menschenwürde in anderen Kulturen zu erfassen.

Laut François Jullien zum Beispiel leistet die Idee von »Rechten« der Herauslösung des Subjekts aus seinem lebensnotwendigen Umfeld Vorschub und übergeht den Wert seiner Einbettung in eine Vielzahl sozialer Beziehungen. Einher geht diese Idee mit einer Abwehrhaltung, die die religiöse Dimension ausblendet und das Individuum absolut setzt. In der Gedankenwelt des klassischen Indien, die den Menschen nicht als vom Rest der Natur isoliert betrachte, so Jullien, finde das Konzept der »Menschenrechte« keinerlei Widerhall. Während das letzte Wort in der europäischen Kultur »Freiheit« sei, laute es im Fernen Osten, von Indien bis China, »Harmonie«.[9]

Einem ähnlichen Gedankengang folgend, veranschaulicht Panikkar, wie sehr das Konzept der Menschenrechte auf einer Reihe altbekannter Annahmen beruht, die allesamt typisch westlich sind. Diese Annahmen sind laut Panikkar: Es gibt eine universelle menschliche Natur, die man rational erfassen kann; die menschliche Natur unterscheidet sich grundlegend von der übrigen Realität und ist höher einzustufen; das Individuum hat eine absolute und irreduzible Würde, die es gegen die Gesellschaft und den Staat zu verteidigen gilt; die Autonomie des Individuums erfordert, dass die Gesellschaft nichthierarchisch organisiert ist, als Summe freier Individuen. All diese Annahmen, so Panikkar, seien eindeutig westlich und liberal, und sie unterschieden sich von anderen Vorstellungen von Menschenwürde in anderen Kulturen. So würden sich beispielsweise die Idee der »Person« und die des »Individuums« nicht notwendigerweise überlappen. Das »Individuum« sei die ganz bestimmte Art und Weise, in der das Konzept des Selbst im liberalen, westlichen Diskurs formuliert werde. In anderen Kulturen gebe es dagegen andere Vorstellungen vom Selbst.

Aus diesen Überlegungen ergeben sich zahlreiche Konsequenzen. Zu den wichtigsten gehört die unumgängliche Erkenntnis, dass der für den westlichen liberalen Diskurs und unser Verständnis von Menschenrechten so zentralen Idee der »Autonomie« in anderen Kulturen, in denen Entscheidungsprozesse weniger individualistisch und kooperativer verlaufen, nicht dieselbe Priorität eingeräumt wird. Das heißt nicht, dass die Würde des Menschen und die Bedingungen für eine gerechte Gesellschaftsordnung in jenen Kulturen nicht wichtig wären. Diese Fragen werden dort nur auf andere Weise gestellt.

Daher ist die von Panikkar angeregte Suche nach homöomorphen Äquivalenten so dringend notwendig. Gesellschaften, deren Bild der Menschenwürde vom westlichen Verständnis der Menschenrechte abweicht, haben auch eine andere Auffassung vom Wesen und der Rolle demokratischer Institutionen. Will man die Idee des »Wertepluralismus« in all ihren Facetten ernst nehmen, so muss man Raum für einen Pluralismus der Kulturen, Lebensformen und politischen Systeme schaffen. Zur Akzeptanz der Pluralität der Auffassungen im Hinblick auf die »Menschenrechte« sollte sich deshalb auch die Akzeptanz einer Pluralität der Formen von Demokratie gesellen.

Die andere Streitfrage in der Debatte über die Demokratie betrifft das Wesen der Säkularisierung bzw. des Säkularismus. Wir sollten uns bewusst sein, dass das Verhältnis von Demokratie und einer säkularen Gesellschaft auch im Westen Gegenstand einer nicht abgeschlossenen Kontroverse ist. So steckt, wie José Casanova aufgezeigt hat, die Debatte zwischen europäischen und amerikanischen Denkern über ihre unterschiedliche Auffassung vom Wesen einer säkularen Gesellschaft und dem Zusammenhang zwischen Säkularismus und Moderne in der Sackgasse.[10] Auf der einen Seite stehen die europäischen Soziologen, deren Meinung nach die Abnahme des gesellschaftlichen Einflusses religiöser Institutionen und der Niedergang religiöser Überzeugungen und Praktiken mit dem Prozess der Modernisierung unausweichlich einhergehen, auf der anderen Seite die amerikanischen Religionssoziologen, die die Theorie der Säkularisierung ablehnen, weil sie hinsichtlich Glaubensüberzeugungen und religiösen Praktiken bei den Amerikanern keinerlei Niedergang feststellen können.

Normalerweise wird in diesem Zusammenhang die Frage gestellt, ob die Säkularisierung ein unausweichlicher Bestandteil der Moderne sei. Ist sie als Vorbedingung für moderne, liberale, demokratische Politik zu sehen? Ich möchte diese Frage hier ausklammern und mich stattdessen einem anderen Problem zuwenden: Selbst wenn wir diese Frage im Kontext der westlichen Demokratie mit Ja beantworten – bedeutet das, dass Säkularisierung eine normative Vorbedingung für alle Formen von Demokratie ist? Oder sollten wir nicht die Möglichkeit ins Auge fassen, dass es demokratische Gesellschaften geben könnte, in denen ein solcher Prozess nicht stattgefunden hat? »Lässt sich die Theorie der Säkularisierung als eine bestimmte Theorie der historischen Entwicklung von allgemeinen Theorien der globalen Modernisierung trennen?«, fragt Casanova. »Kann es eine nichtwestliche, nichtsäkulare Moderne geben?«[11]

Ich möchte hier eine andere, verwandte Frage stellen: Kann es eine nichtwestliche, nichtsäkulare Form der Demokratie geben? Wenn, wie viele behaupten, das europäische Konzept der Säkularisierung für die Vereinigten Staaten nicht sonderlich relevant ist, so steht fest, dass es für andere Kulturen mit völlig anderen Formen der gesellschaftlichen Organisation noch weniger relevant ist. Worin könnte beispielsweise seine Relevanz für weltliche

Religionen wie den Konfuzianismus oder den Taoismus liegen? Deren Transzendenzmodell kann man, wie Casanova anmerkt, kaum als »religiös« bezeichnen, und sie verfügen über keine kirchliche Organisation. Sie waren gewissermaßen schon immer »weltlich« und müssen keinen Prozess der Säkularisierung durchlaufen.[12]

Ebenfalls relevant ist in diesem Zusammenhang die unter Ideengeschichtlern geführte Debatte über den Charakter der Aufklärung. Diese Debatte wirft ein Schlaglicht auf die Existenz rivalisierender Aufklärungen und die Vielfalt der möglichen Antworten auf die Frage »Was ist Aufklärung?«. Ian Hunter zum Beispiel argumentiert, es habe nicht nur eine einheitliche, vom metaphysischen Ansatz Kants repräsentierte deutsche Aufklärung gegeben. In seinem Buch *Rival Enlightenments* (»Rivalisierende Aufklärungen«) rekonstruiert Hunter eine alternative, nichtmetaphysische »bürgerliche« Aufklärung, die von Pufendorf und Thomasius vertreten worden sei, die einen ganz anderen Zugang zum Verhältnis von Religion und Politik und dem Ursprung politischer Bindungen vorgeschlagen hätten.[13] Hegemonie erlangte der metaphysische Ansatz von Kant und Leibniz; deren Sichtweise setzte sich allgemein durch. Doch das, so Hunter, sollten wir nicht als Ausdruck ihrer überlegenen Rationalität sehen. Hunter jedenfalls betrachtet die metaphysische Tradition als »antipolitisch« und hält die bürgerliche Tradition für ein adäquateres Modell der Welt der Politik.

Immer mehr Theoretiker verstehen den Säkularismus heute als eine postchristliche Art und Weise, die Rolle der Religion nachzuempfinden. Sie charakterisieren den Säkularismus als Konzept der Aufklärung, das von der protestantischen Sicht des Wesens der Religion beeinflusst ist, sowie von der Notwendigkeit, das Öffentliche vom Privaten zu trennen. Wenn das der Fall ist, mit welcher Begründung könnten wir dann behaupten, dass diese Trennung ein notwendiges Element jeglicher Form von Demokratie sein müsse? Sollten wir nicht vielmehr akzeptieren, dass der vom Westen gewählte Weg nicht der einzig mögliche und legitime ist? Nichtwestliche Gesellschaften schlagen vielleicht andere Wege ein, die ihrer je eigenen kulturellen Tradition und Religion entsprechen.

Diesem Gedankengang folgend, argumentiert James Tully, der Charakter der Aufklärung, der innerhalb der kantianischen Tradition als transzendentale Frage begriffen worden sei, müsse enttranszendiert und als historische Frage neu gefasst werden.[14] Außerdem spricht sich Tully dafür aus, diese Diskussion nicht auf rivalisierende Auffassungen in Europa zu beschränken, sondern zu einem Dialog mit nichtwestlichen Aufklärungen zu erweitern. Seine Haltung passt zum Ansatz der »multiplen Modernen«, den unter anderem Charles Taylor, Shmuel N. Eisenstadt, David Martin und Peter Wagner formuliert haben. Eine der Kernthesen dieses Ansatzes lautet, dass epochale Umbrüche wie der, den wir als Moderne beschreiben, in unterschiedlichen Kulturen stattgefunden und unterschiedliche Ergebnisse hervorgebracht haben. Die Moderne sollte demnach als weiter Horizont betrachtet werden, der Raum für eine Vielzahl von Interpretationen bietet.

Das Entscheidende an der Diskussion über rivalisierende Aufklärungen und multiple Modernen ist, dass sie ein Schlaglicht auf die politische Rolle des vorherrschenden, vom Westen propagierten Narrativs von dessen exemplarischem und privilegiertem Entwicklungsmodell wirft. Ich stimme mit Dipesh Chakrabarty darin überein, dass wir uns bewusst machen müssen, »dass Europas Inanspruchnahme des Adjektivs ›modern‹ für sich selbst ein integraler Bestandteil der Geschichte des europäischen Imperialismus ist«.[15] Was die Demokratie betrifft, so war die Darstellung ihrer westlichen Spielart als die »moderne« eine scharfe rhetorische Waffe, mit der liberale Demokratietheoretiker lange deren überlegene Rationalität und universelle Gültigkeit begründet haben. Zu einem ähnlichen Schluss in einem anderen Kontext kommt Martti Koskenniemi, wenn er in seinem Buch über internationales Recht darauf hinweist, dass »der rationale Imperialismus sich als Fassade für zynischen Imperialismus erwiesen« habe.[16]

Für die Linke sind das entscheidende Themen; es ist wichtig, das vorherrschende Narrativ von der Überlegenheit des westlichen Entwicklungsmodells infrage zu stellen. Die Erkenntnis, dass die Institutionen der liberalen Demokratie mit ihrem speziellen menschenrechtlichen Vokabular und ihrer Form des Säkularismus das Ergebnis einer kontingenten historischen Artikulation in einem ganz bestimmten kulturellen Kontext sind, sollte uns unmissverständlich vor Augen führen, dass es keinen Grund gibt, diese Institutionen als notwendige Vorbedingung für Demokratie darzustellen. Als Konsequenz meiner Reflexionen auf dem Feld der politischen Theorie in der Vergangenheit ergibt sich die Notwendigkeit eines pluralistischen Ansatzes, der die Möglichkeit multipler Artikulationen des demokratischen Ideals von der

Herrschaft des Volkes ins Auge fasst, Artikulationen, in denen die Religion möglicherweise in einer anderen Beziehung zur Politik steht.

In vielen Teilen der Welt stellen Intellektuelle und Aktivisten bereits derartige Überlegungen an und beschäftigen sich mit der Ausarbeitung ortstypischer Formen von Demokratie, die in ihren jeweiligen kulturellen und religiösen Traditionen verankert sind. In Bezug auf den Islam hat Noah Feldman aufgezeigt, dass die Kernfrage für viele islamische Denker darin besteht, wie eine Verfassungsordnung aussehen kann, die auf der Scharia beruht und gleichzeitig dem Prinzip der Rechtsstaatlichkeit verpflichtet ist. Feldman analysiert verschiedene Versuche, ein Modell zu entwickeln, wie ein auf islamischem Recht und islamischen Werten beruhender, demokratischer islamischer Staat die göttliche Souveränität mit dem demokratischen Prinzip der Volkssouveränität versöhnen könnte.

Die Kompatibilität von Scharia und Demokratie, so Feldman, sei im islamistischen Mainstream angekommen. Differenzen gebe es hinsichtlich der Mechanismen dieser Versöhnung. Die von den meisten favorisierte Lösung sei,

> »dass die Verfassung des islamischen Staates nicht von der Volkssouveränität ausgeht, sondern die göttliche Souveränität anerkennt und dann auf dieser Grundlage das islamische Recht in Kraft setzt. In diesem theoretischen Modell übernimmt das Volk gewissermaßen die Funktion, die in der klassischen Verfassungsordnung dem Herrscher zukam: Es übernimmt die Verantwortung für die Umsetzung dessen, was Gott befohlen hat.«[17]

Einigen Interpretationen zufolge muss eine demokratisch gewählte Legislative, die für die Umsetzung der Bestimmungen der Scharia verantwortlich ist, im Rahmen eines in der Verfassung verankerten Prozesses von einem islamischen Gericht überwacht werden. Feldman blendet die mit dem Aufbau eines solchen demokratischen islamischen Staates verbundenen Schwierigkeiten nicht aus, beharrt jedoch darauf, dass es ein Fehler wäre, wenn der Westen in einem derartigen Projekt eine Bedrohung für die Demokratie sehen und die Legitimität derer untergraben würde, die entsprechende Überlegungen anstellen.

Unter den derzeitigen Umständen, nach dem Sturz mehrerer diktatorischer Regimes im Nahen Osten, scheint mir dieser Ratschlag besonders notwendig. In Ländern wie Tunesien und Ägypten stehen islamistische Parteien, wenn sie bei Wahlen erfolgreich sind, vor der großen Herausforderung, demokratische Institutionen aufzubauen, die mit den Werten des Volkes im Einklang stehen und seine Traditionen achten. Im Zusammenhang mit der Ausarbeitung neuer Verfassungen hat die Frage des Säkularismus brennende Aktualität erlangt, und westliche Intellektuelle und Politiker müssen diesen Ländern unbedingt die Möglichkeit einräumen, die für sie passenden Institutionen aufzubauen, ohne ihnen ein westliches Modell überstülpen zu wollen. Viele Denker und Aktivisten in islamischen politischen Parteien sind sich der Notwendigkeit bewusst, das Verhältnis von Religion und Staat neu zu denken, und die Rolle eines »zivilen Staates« wird heiß diskutiert. Diese Diskussion zeige, so Tariq Ramadan, dass »islamistische Anführer bemüht sind, sich von der Idee des ›Säkularismus‹ zu distanzieren, der in der arabischen Welt als Chiffre für Verwestlichung gilt, und sich gleichzeitig von der Idee des ›islamischen Staates‹ fernzuhalten, der durch eine Vielzahl negativer Konnotationen stigmatisiert ist«.[18] Es steht zu hoffen, dass die Konfrontation zwischen Islamisten und Säkularisten keine antagonistische, sondern eine agonistische Form annimmt und dass sie einen gemeinsamen Nenner finden, der die Basis eines »konflikthaften Konsenses« bilden kann. Die zunehmende Polarisierung zwischen beiden Lagern, warnt Ramadan, hindere diese Länder daran, die gewaltigen wirtschaftlichen und sozialen Probleme anzupacken, vor denen sie derzeit stehen.

Die Frage, wie Demokratie in der Praxis umgesetzt werden soll, wird heute überall auf der Welt gestellt. In jedem Einzelfall wird die Lösung besondere Umstände und kulturelle Traditionen berücksichtigen müssen. Was Asien betrifft, könnte eine Herausforderung darin bestehen, das demokratische Prinzip der Volkssouveränität mit dem Konfuzianismus und Taoismus zu versöhnen. Oftmals wird die Idee von »asiatischen Werten« abgelehnt, mit der Begründung, sie diene autoritären Machthabern als Rechtfertigung ihrer Herrschaft. In einigen Fällen mag das teilweise zutreffen; das sollte aber nicht dazu führen, diese Vorstellung pauschal abzutun.

Im Hinblick auf Afrika ist wiederholt darauf hingewiesen worden, dass die in vielen afrikanischen Ländern herrschenden Bedingungen eine Folge des unzulänglichen politischen Systems sind, das ihnen die ehemaligen Kolonialmächte hinterlassen haben. Häufig blieben sie nach der Unabhängigkeit nicht als stabiler Nationalstaat zurück, sondern als Flickenteppich ethnisch geprägter Machtbereiche, auf dem nun die Last eines nach dem Vorbild der ehemaligen Kolonialmacht gebildeten Parlaments liegt. In Ländern mit so vielen Ethnien, Sprachen, Gebräuchen und Kulturen hat die Mehrparteiendemokratie zu Fragmentierung und einer von erbitterten Grabenkämpfen geprägten Politik geführt. Viele Spezialisten sind sich darin einig, dass es Formen der Demokratie bedarf, die besser an die afrikanische Mentalität angepasst sind, und dass Allparteienregierungen möglicherweise besser geeignet sind, diese Länder zusammenzuhalten und ihre Entwicklung zu fördern.

So schreibt Jack Goody mit Blick auf das Dilemma afrikanischer Staaten nach der Unabhängigkeit:

> »Für so manchen neuen Staat war das größte politische Problem nicht der Übergang zur Demokratie, sondern der Aufbau einer Zentralregierung für ein Territorium, in dem es bis dato keine gab. Das führt überall dort, wo dem Staat Gruppen angehören, die durch primordiale (Stammes- oder Religions-) Merkmale definiert sind, bis heute zu Schwierigkeiten. Das kann für die Bildung einer ›Parteienregierung‹ im westlichen Sinn hinderlich sein, schließt aber nicht aus, dass diese Gruppen selbst ihre eigenen repräsentativen (›demokratischen‹) Verfahren haben.«[19]

*

Das sind zweifellos allesamt sehr kontroverse Fragen, und es geht mir ganz und gar nicht darum, sie abschließend zu beantworten. Abgesehen davon, dass das jenseits meiner Kompetenz liegt, bin ich der festen

Überzeugung, dass es westlichen Politikwissenschaftlern nicht ansteht, darüber zu befinden, wie Demokratie in anderen Teilen der Welt aussehen sollte. Was wir tun können, ist den Anspruch des Westens zu kritisieren, die einzig legitime Form von Demokratie sei die liberale Demokratie, wie der Westen sie derzeit interpretiert: eine Wahldemokratie mit Mehrparteiensystem, die mit einem individualistischen Konzept der Menschenrechte sowie natürlich mit freier Marktwirtschaft einhergeht. Dieses Modell zu bewerben oder, falls nötig, sogar aufzuoktroyieren, betrachten viele als ihre moralische Pflicht. Indem sie die Kontextgebundenheit der liberalen Demokratie herausarbeiten und deren universalistischen Anspruch kritisieren, können Politologen einen kleinen, aber wichtigen Beitrag dazu leisten, die gefährliche These zu hinterfragen, dass Demokratisierung Verwestlichung voraussetze.

Wertvolle Erkenntnisse, die uns dabei helfen können, die Welt als ein Pluriversum zu denken, finden sich in den Arbeiten von Claude Lévi-Strauss, der eindringlich argumentiert hat, Zivilisation setze die Koexistenz von Kulturen voraus, die ihre Eigenheiten bewahren und so zu einem Maximum an Vielfalt beitragen. Der entscheidende Nutzen unterschiedlicher Kulturen liegt dieser Sichtweise zufolge in dem, was Lévi-Strauss »*écarts différentiels*« (»unterscheidende Unterschiede«) nennt. In einer von Homogenität und Einförmigkeit bedrohten Welt betont er die Notwendigkeit, die Vielfalt der Kulturen zu bewahren. Lévi-Strauss wendet sich gegen die Universalisten und drängt uns zu der Einsicht, dass kein Teil der Menschheit eine für die ganze Welt gültige Formel besitzt. Eine durch eine einzige Lebensweise geeinte Menschheit sei unvorstellbar, da die menschliche Kultur dann völlig verknöchern würde.[20]

Lévi-Strauss verteidigt kein essentialistisches Konzept von Kultur als notwendigem Ausdruck einer einheitlichen Substanz. Das hindert ihn jedoch nicht an der Erkenntnis, dass Kulturen spezifische Merkmale aufweisen, die sie voneinander unterscheidbar machen und ihre Originalität begründen. Darauf bezieht sich der Begriff *»écarts différentiels«*; er verweist darauf, dass die Identität einer Kultur nicht in ihrer vorgegebenen Essenz liegt, sondern in ihren Divergenzen von anderen Kulturen.

Genau darauf bezieht sich der Begriff *»écarts différentiels«*: nicht einfach nur in Unterschieden zu denken, sondern in »Divergenzen«. Die Bedeutung der Unterscheidung zwischen »Divergenz« und »Unterschied«, darauf weist François Jullien in seinem Buch *Das Universelle* hin, liegt darin, dass eine »Divergenz« ein Spannungsfeld zwischen den Dingen erzeugt, die sie unterscheidet. Sie zeigt auf, inwiefern andere Möglichkeiten existieren können, die sich nicht auf bloße Variationen eines gemeinsamen Unveränderlichen reduzieren lassen.[21]

Eine pluralistische Sichtweise, die auf dem von mir vertretenen agonistischen Ansatz beruht, erkennt an, dass Divergenzen der Ursprung von Konflikten sein können, behauptet jedoch, dass diese Konflikte nicht notwendigerweise in einen »Kampf der Kulturen« münden müssen. Der erfolgversprechendste Weg, diesen zu verhindern, ist demzufolge die Schaffung eines multipolaren institutionellen Rahmens, der die Bedingungen dafür schafft, dass diese Konflikte sich nicht als antagonistische Auseinandersetzungen zwischen Feinden manifestieren, sondern als agonistische Konfrontationen zwischen Kontrahenten.

Es gibt einen von Derrida geprägten Begriff, der mir in diesem Zusammenhang sehr passend erscheint. In seinen Reflexionen über die Gastfreundschaft arbeitet Derrida, in Anlehnung an Benveniste, die große Ambivalenz heraus, die im englischen Wort *hospitality* steckt.[22] Dieses gehe auf zwei Wörter mit derselben Wurzel zurück: *hospis* (Gastgeber) und *hostis* (Feind). Um diese Ambivalenz auszudrücken und die Verflochtenheit von Feindseligkeit und Gastfreundschaft aufzuzeigen, prägte Derrida den Begriff *hostipitality.* Ein agonistischer, pluralistischer Ansatz sollte das Pluriversum aus dem Blickwinkel der *hostipitality* betrachten, als den Ort, an dem es zu einem agonistischen Aufeinandertreffen einer Vielzahl von Polen kommt, die miteinander konkurrieren, ohne dass einer von ihnen den Anspruch erhebt, den anderen überlegen zu sein. Dieses agonistische Aufeinandertreffen ist eine Konfrontation, deren Ziel weder die Auslöschung noch die Assimilierung des anderen ist, und in der die Spannungen zwischen den verschiedenen Ansätzen zur Förderung jenes Pluralismus beitragen, der eine multipolare Welt charakterisiert.

1 Vgl. Chantal Mouffe, *Über das Politische. Wider die kosmopolitische Illusion*, Frankfurt am Main: Suhrkamp 2007 [2005], Kapitel 5.
2 Norberto Bobbio, »Democracy and the international system«, in: *Cosmopolitan Democracy*, herausgegeben von Daniele Archibugi/David Held, Cambridge: Polity Press 1995, S. 17-41, S. 25.
3 Ebd., S. 38.
4 Ebd., S. 39.
5 Robert Kagan, *Die Demokratie und ihre Feinde: Wer gestaltet die neue Weltordnung?*, München: Siedler 2008.
6 Danilo Zolo, *Cosmopolis. Prospects for World Government*, Cambridge: Polity Press 1997.
7 Vgl. hierzu die Einleitung meines Buches *Das demokratische Paradox*, Wien: Turia + Kant 2008 [2000].
8 Raimundo Panikkar, »Is the notion of human rights a western concept?«, in: *Diogenes* 120 (1982), S. 75-102, S. 81 f.
9 François Jullien, »Universels, les droits de l'homme?«, in: *Le Monde Diplomatique* (Februar 2008), S. 24.
10 José Casanova, »Rethinking secularization. A global comparative perspective«, in: *Hedgehog Review* 8/1-2 (Frühjahr/Sommer 2006), S. 7-22.
11 Ebd., S. 10.
12 Ebd., S. 13.
13 Ian Hunter, *Rival Enlightenments. Civil and Metaphysical Philosophy in Early Modern Germany*, Cambridge: Cambridge University Press 2001.
14 James Tully, »Diverse enlightenments«, in: *Economy and Society* 32/3 (August 2003), S. 485-505.
15 Dipesh Chakrabarty, *Provincializing Europe. Postcolonial Thought and Historical Difference*, Princeton: Princeton University Press 2000, S. 43.
16 Martti Koskenniemi, *The Gentle Civilizer of Nations: The Rise and Fall of International Law 1870-1960*, Cambridge: Cambridge University Press 2001, S. 500.
17 Noah Feldman, *The Fall and Rise of the Islamic State*, Princeton: Princeton University Press 2008, S. 119.
18 Tariq Ramadan, *The Arab Awakening. Islam and the New Middle East*, London: Allen Lane 2012, S. 115.

19 Jack Goody, *The Theft of History*, Cambridge: Cambridge University Press 2006, S. 249.

20 Vgl. z. B. Claude Lévi-Strauss, *Rasse und Geschichte*, Frankfurt am Main: Suhrkamp 1972 [1952].

21 François Jullien, *De l'universel. De l'uniforme, du commun et du dialogue entre les cultures*, Paris: Fayard 2008, S. 135.

22 Vgl. Jacques Derrida, »Hostipitality«, in: *Acts of Religion*, herausgegeben von Gil Anidjar, London/New York: Routledge 2002, S. 356-420.

3. Ein agonistischer Ansatz für die Zukunft Europas

Das europäische Projekt steht heute an einer Wegscheide. Sein Fortbestand ist leider alles andere als gewiss. Um sicherzustellen, dass die Europäische Union eine Zukunft hat, bedarf es wichtiger Weichenstellungen, und derzeit ist noch nicht abzusehen, welche Richtung diese vorgeben werden. Fest steht, dass sie weitreichende Konsequenzen haben werden. Die Befürworter der EU sind sich einig, dass mehr Integration vonnöten ist, doch darüber, wie dieser Prozess aussehen soll, gehen die Meinungen weit auseinander. Die Gründe für diese Uneinigkeit sind vielschichtig. Neben politischen Differenzen gibt es dabei auch philosophische Divergenzen, und wenn wir begreifen wollen, was auf dem Spiel steht, gilt es diese herauszuarbeiten.

Eine wichtige Divergenz betrifft den Stellenwert, der nationalen und regionalen Identitäten im Hinblick auf die Zukunft der Europäischen Union und den europäischen Einigungsprozess zukommen soll. Viele Beobachter haben darauf hingewiesen, dass wir derzeit entgegen allen Voraussagen einer allgemeinen Ausbreitung postkonventioneller und postnationaler Identitäten Zeugen eines Wiedererstarkens nationaler Identitäten werden. Und überall dort, wo das nicht der Fall ist, gewinnt nicht die supranationale Ebene an Bedeutung, sondern regionale Formen der Identifikation. Selbst wenn die Nationalstaaten daher derzeit einen Teil ihres Einflusses und ihrer Vorrechte einbüßen mögen – und man darf in diesem Zusammenhang nicht verschweigen, dass unter Theoretikern selbst in Bezug auf diesen Bedeutungsverlust große Uneinigkeit herrscht –, so geht damit nicht das Verschwinden nationaler Formen der Identifikation einher.

Wir sollten uns deshalb damit abfinden, dass ein Verschwinden nationaler Formen der Zugehörigkeit zumindest auf absehbare Zeit unwahrscheinlich ist. Die Erwartung, dass die Menschen ihre nationale zugunsten einer postnationalen, europäischen Identität aufgeben werden, ist naiv. Der Versuch, eine Form der europäischen Integration durchzusetzen, die diese Tatsache negiert, wäre sehr gefährlich und würde lediglich Widerstand gegen das europäische Projekt hervorrufen.

Was ich als Politologin mit Sorge betrachte ist, dass viele Vorstellungen eines postnationalen Europa auf einem individualistischen und rationalistischen Modell basieren, das uns den Blick auf den Prozess der kollektiven Identitätsbildung und das Wesen und die Rolle nationaler und regionaler Formen der Identifikation verstellt. Um das Ausmaß der Probleme zu begreifen, vor denen die europäische Integration derzeit steht, bedürfen wir eines anderen Ansatzes, der uns besser erkennen hilft, welche Vielzahl an Fragen die Zukunft der europäischen Integration aufwirft. Meine Argumentation beruht auf einer zweifachen Fragestellung. Erstens werde ich eine Alternative zum vorherrschenden rationalistischen Ansatz skizzieren, die uns den Entstehungsprozess kollektiver Identitäten verstehen hilft; zweitens werde ich die Implikationen dieses Ansatzes für die Europäische Union untersuchen.

Kollektive Identitäten

Fangen wir mit der Idee des »konstitutiven Außen« an. Wie wir im ersten Kapitel gesehen haben, wurde dieser Begriff von Henry Staten vorgeschlagen, um die Vielzahl strategischer Schritte zu beschreiben, die Jacques Derrida mittels »Unentscheidbarkeiten« wie »*supplément*«, »*trace*« und »*différance*« ermöglicht.[1] Diese wiederum machen offenbar, dass jede Objektivität, jede Identität durch die Annahme einer Differenz, die Bestimmung eines als »Außen« dienenden »Anderen« und die anschließende Festlegung einer Grenze zwischen Innen und Außen konstruiert wird. In Bezug auf kollektive Identitäten bedeutet das, dass die Schaffung eines »Wir« nur durch die Formulierung eines »Sie« denkbar ist. Denn jede Form der kollektiven Identität erfordert eine Grenzziehung zwischen denen, die zum »Wir« gehören, und jenen, die außen vor bleiben.

Da meine Reflexionen auf dem antiessentialistischen diskurstheoretischen Ansatz basieren, den ich in *Hegemonie und radikale Demokratie. Zur Dekonstruktion des Marxismus* gemeinsam mit Ernesto Laclau ausgearbeitet habe, ist klar, dass ich diese Grenze nicht als etwas betrachte, das seine Wurzeln in einer bereits bestehenden gemeinsamen Essenz wie zum Beispiel der nationalen Zugehörigkeit hat.[2] Aus Sicht der Diskurstheorie besteht das Problem niemals darin, dass die Menschen sich ihrer wahren Identität bewusst werden müssen. Schließlich ist es eine der Kernthesen dieses Ansatzes, dass es keine essentielle Identität gibt, sondern lediglich Formen der Identifikation.

Das gilt selbstverständlich genauso für kollektive Identitäten. Auch wenn einige davon, etwa nationale Identitäten, aufgrund langer Phasen der historischen Sedimentation als naturgegeben erscheinen mögen, so sind sie doch stets kontingente, von einer Vielzahl an Praktiken, Diskursen und Sprachspielen ermöglichte Konstruktionen, die auf unterschiedliche Weise verändert und neu artikuliert werden können. Das bedeutet nicht, wie Habermas in seiner »Bemerkung zu Dieter Grimm« argumentiert, dass Identitäten durch sein Paradigma der kommunikativen Rationalität und eine prozedurale Methode der Legitimation geschaffen werden könnten.[3] Eine solche rationalistische Sichtweise lässt außer Acht, was ich als unverzichtbares Element betrachte: die Rolle der affektiven Dimension für den Prozess der Identifikation.

Um zu verstehen, worum es bei einem Identifikationsprozess geht, ist es unabdingbar, die Erkenntnisse der Psychoanalyse zu berücksichtigen. So hat Freud die zentrale Funktion affektiver libidinöser Bindungen für kollektive Identifikationsprozesse herausgearbeitet. In *Massenpsychologie und Ich-Analyse* schreibt er, dass »die Masse offenbar durch irgend eine Macht zusammengehalten wird. Welcher Macht könnte man aber diese Leistung eher zuschreiben als dem Eros, der alles in der Welt zusammenhält?«[4] Eine kollektive Identität, ein »Wir«, ist das Ergebnis einer leidenschaftlichen affektiven Investition, die zwischen den Mitgliedern einer Gemeinschaft ein starkes Identifikationsgefühl entstehen lässt. Es ist diese Dimension, die Habermas völlig übersieht, ebenso wie all jene, die glauben, wir lebten heute in einem Zeitalter, in dem sogenannte »postkonventionelle« Identitäten die vermeintlich »archaischen Leidenschaften« eliminiert hätten, und die nach der Errichtung einer »postnationalen« Ordnung rufen, die auf internationales Recht und kommunikative Rationalität gegründet ist.

Und noch ein weiterer Aspekt bleibt in der politikwissenschaftlichen Diskussion zumeist unberücksichtigt. Freud betont nämlich auch die Janusköpfigkeit der libidinösen Triebe, die er als Eros und Thanatos bezeichnet. In *Das Unbehagen in der Kultur* zum Beispiel stellt er die Gesellschaft als aufgrund der menschlichen Neigung zur Aggression permanent von Auflösung bedroht dar. »Das gern verleugnete Stück Wirklichkeit hinter alledem«, so Freud, »ist, daß der Mensch nicht ein sanftes, liebesbedürftiges Wesen ist, das sich, wenn angegriffen, auch zu verteidigen vermag, sondern daß er zu seinen Triebbegabungen auch einen mächtigen Anteil von Aggressionsneigung rechnen darf.«[5]

Diesen Aggressionsinstinkt gilt es zur Kenntnis zu nehmen, und wir müssen erkennen, dass sich die Zivilisation einer Vielzahl von Methoden bedient, um ihn im Zaum zu halten. Eine Methode besteht in der Mobilisierung der libidinösen Instinkte der Liebe, um zwischen den Mitgliedern einer Gemeinschaft ein starkes Gemeinschaftsgefühl zu erzeugen und sie so zu einer kollektiven Identität zusammenzuschweißen. Eine große Rolle spielt diese affektive Dimension im Falle nationaler Formen der Identifikation, und deshalb kann man diese nicht einfach abtun. Sie stellen eine äußerst wichtige Form der kollektiven Identifikation dar, und die historische Erfahrung lehrt, dass sie ein wichtiges Terrain für die Unterscheidung zwischen »uns« und »den Anderen« sind.

Welche Möglichkeiten sind bezüglich der Art der Beziehung zwischen »uns« und »den Anderen« denkbar? Freud war sich nur allzu bewusst, dass dieses Verhältnis ein von Feindschaft geprägtes sein kann. In *Das Unbehagen in der Kultur* schreibt er: »Es ist immer möglich, eine größere Menge Menschen in Liebe an einander zu binden, wenn nur andere für die Äußerung der Aggression übrig bleiben.«[6] Haben wir uns das vor Augen geführt, so stehen wir vor folgendem Problem: Wenn kollektive Identitäten stets nach dem Muster der Wir/Sie-Unterscheidung konstruiert werden – wie lässt sich dann vermeiden, dass dieses Verhältnis ein von Feindschaft geprägtes ist?

Das ist eines der zentralen Probleme, bei dem mein agonistisches Demokratiemodell ansetzt. Wie können wir ein agonistisches Modell für Europa entwerfen? Wie sähe ein agonistisches Europa aus? Tatsächlich kann man in der Gründung der Europäischen Union ein hervorragendes Beispiel dafür sehen, wie sich durch die Schaffung einer agonistischen Konfiguration Antagonismen in Schach halten lassen. Man denke an die Beweggründe von Staatsmännern wie Jean Monnet und Robert Schumann, die sich nach dem Zweiten Weltkrieg für das europäische Projekt eingesetzt haben. Ihr Ziel war der Aufbau von Institutionen, die eine weitere Manifestation des Antagonismus zwischen Frankreich und Deutschland verhindern sollten. Ihnen war bewusst, dass das nur durch die Schaffung eines »Wir« gelingen konnte, das beide Länder, und einige weitere, in ein gemeinsames Projekt einbindet.

Die erste institutionelle Verkörperung dieses »Wir« war wirtschaftlicher Natur: die Gemeinschaft für Kohle und Stahl. Später wurden weitere Formen der Integration entwickelt. Natürlich verfolgten Monnet und Schumann von Anfang an auch politische und kulturelle Ziele. Dabei schwebten ihnen jedoch keineswegs das Verschwinden nationaler Identitäten und die Auslöschung der unterschiedlichen und häufig zueinander im Widerspruch stehenden nationalen Interessen vor. Sie hofften, dass durch ihre Beteiligung an gemeinsamen Projekten zwischen den Mitgliedern der Europäischen Gemeinschaft ein Band entstehen möge, das die Gefahr verringert, dass sie sich erneut als Feinde betrachten. Genau darauf ist mein agonistischer Ansatz ausgerichtet: durch die Schaffung von Institutionen, die Konflikte in agonistische Bahnen lenken, den Antagonismus in Schach zu halten. Aus dieser Perspektive betrachtet, war das europäische Projekt bislang zweifellos erfolgreich; wir sollten uns aber bewusst sein, dass dieser Erfolg jederzeit zunichtegemacht werden könnte.

Die Europäische Integration

Wenden wir uns nun der zweiten Frage zu, die ich untersuchen möchte. Welche Lehren ergeben sich aus dieser agonistischen Sichtweise für die Zukunft des europäischen Einigungsprozesses? Welche Form der Integration würde es Europa ermöglichen, zwischen den verschiedenen Nationen eine agonistische Beziehung herzustellen, die von einem »konflikthaften Konsens« charakterisiert ist? Ein solches agonistisches Europa müsste neben der affektiven Dimension zweifellos die Vielzahl und Vielfalt kollektiver Identitäten zur Kenntnis nehmen, die in seiner Mitte existieren. Sein Ziel sollte sein, ein Band zwischen den unterschiedlichen Teilen zu knüpfen, dabei aber gleichzeitig ihre Unterschiedlichkeit zu respektieren. Tatsächlich liegt die Herausforderung für die europäische Integration darin, Einheit und Vielfalt zu verbinden und eine Form des Zusammenwachsens zu finden, die Raum für Heterogenität lässt.

Deshalb ist es notwendig, behaupte ich, alle Versuche einzustellen, ein homogenes, postnationales »Wir« zu konstruieren, das die Vielfalt des nationalen »Wir« überwinden soll. Ebendiese Negation des nationalen »Wir«, beziehungsweise die Angst, dass es dazu kommen könnte, ist die Wurzel vieler Widerstände gegen die europäische Integration und bedingt die Entstehung vielgestaltiger Antagonismen zwischen den einzelnen Nationen.

Für besonders hilfreich in der Frage, welche Form der Integration für ein agonistisches Europa am besten geeignet sei, halte ich die Überlegungen des französischen Rechtstheoretikers Olivier Beaud. Beaud spricht sich für eine Renaissance der Idee einer »föderalen Union« aus, die Föderalismus als spezifische Form des Zusammenschlusses mehrerer politischer Gebilde begreift.[7] Eine solche als Zusammenschluss von Staaten verstandene Föderation zielt darauf ab, dass die Staaten ein neues politisches Gebilde miteinander formen, um ihre politische Existenz zu sichern und damit als Staaten fortbestehen zu können. Eine föderale Union ist sich der Notwendigkeit einer gewissen Form von europäischer Identität bewusst und nimmt eine Unterscheidung zwischen Zugehörigen und Nichtzugehörigen vor (die Voraussetzung für jede Form der föderalen Union, die sich stets auf ein räumliches Gebilde mit klar definierten Grenzen bezieht), begreift die Vielfalt der einzelnen Mitgliedstaaten jedoch als etwas Wertvolles, das es zu erhalten gilt. Sie trägt der für Europa konstitutiven Dualität der »Einheit in Vielfalt« Rechnung und zielt nicht darauf ab, nationale Unterschiede einzuebnen.

Eine solche Vision einer föderalen Union dürfte ein gutes Argument gegenüber all jenen sein, denen die Existenz der Nationalstaaten nach wie vor am Herzen liegt. Unter den Bedingungen der Globalisierung bleiben den verschiedenen europäischen Staaten nämlich zweifellos zahlreiche Herausforderungen erspart, vor denen sie alleine stehen würden. Nötig ist daher eine weniger enge Definition der Europäischen Union. Als »föderale Union« verstanden, könnte sie die Antwort auf diese Herausforderungen sein. Anstatt als Verkünderin des Endes der Nationalstaaten wahrgenommen zu werden, könnte gerade sie die Voraussetzungen für deren Überleben in einer globalisierten Welt schaffen.

Europa der Nationen oder Europa der Regionen?

An dieser Stelle gilt es die Frage zu stellen, worin die Vorrechte des Nationalstaats bestehen. Ist für das Praktizieren von Demokratie die nationale Ebene die einzig relevante und legitime? Oder sollte in einer föderalen

Union den verschiedenen Regionen mehr Einfluss zugestanden werden, als das derzeit der Fall ist? Anders ausgedrückt: Sollte man sich die Europäische Union als Föderation von Nationalstaaten oder als Föderation von Regionen vorstellen? Lassen Sie mich zunächst noch einmal in Erinnerung rufen, gegen welche Vorstellung sich meine Argumentation richtet: die Idee, die Europäische Union solle auf die Entstehung eines homogenen Demos auf europäischer Ebene hinarbeiten, der Träger der Souveränität sein und den zentralen Ort darstellen soll, an dem Demokratie praktiziert wird. Diese Sichtweise setzt voraus, dass die Menschen ihre Loyalität von ihrem Nationalstaat auf die EU übertragen. Lehnt man diesen Standpunkt ab, so folgt daraus, dass man sich Demokratie auf europäischer Ebene nicht im Sinne einer repräsentativen Demokratie in Reinform vorstellen kann. Zu einem solchen supranationalen Europa gibt es jedoch eine ganze Reihe von Alternativen.

Kalypso Nicolaïdis zufolge sollten wir uns die Europäische Union als eine »Demoi-kratie« vorstellen, als Zusammenschluss von Staaten und Völkern, der die Vielfalt und dauerhafte Daseinsberechtigung der einzelnen Demoi anerkennt, aus denen er besteht. Eine derartige Union würde die nationale Identität ihrer Mitglieder so respektieren, wie sie in ihren politischen und verfassungsmäßigen Strukturen Ausdruck findet. Die Demokratie auf der Ebene der einzelnen Nationalstaaten würde nicht ausgesetzt und von neuen Institutionen abgelöst, die auf einen homogenen europäischen Demos abstellen. Am derzeit vorherrschenden Modell, betont Nicolaïdis, müssten dazu in drei wichtigen Punkten Veränderungen vorgenommen werden: »Erstens von einer gemeinsamen Identität hin zu geteilten Identitäten, zweitens von einer Identitätsgemeinschaft hin zu einer Gemeinschaft der Projekte, und schließlich von einem Regierungsmodell mit vielen Ebenen hin zu einem Regierungsmodell mit vielen Zentren.«[8]

Nicolaïdis' Ansatz passt zu dem agonistischen Modell, das ich auszuarbeiten versuche, weil er der Notwendigkeit gerecht wird, die Pluralität demokratischer Räume, in denen Demokratie praktiziert wird, zur Kenntnis zu nehmen und zu erhalten, und gleichzeitig permanent ein Gleichgewicht zwischen den beiden Ebenen – der europäischen und der nationalen – zu finden, ohne die zwischen ihnen bestehenden Spannungen zu übergehen.

Einige Autoren gehen allerdings noch einen Schritt weiter und stellen die dem Nationalstaat zugestandenen Vorrechte infrage. Ein Beispiel hierfür ist Robert Menasse, für den die derzeitigen Probleme der EU hauptsächlich darauf zurückgehen, dass sie ein Zusammenschluss von Nationalstaaten ist, deren Politik von ihrem Eigeninteresse geleitet sei, auf Kosten der Interessen der Bürger. Die derzeitige Krise ist für Menasse eine politische. Ihre Ursache liege im Widerwillen der nationalen Regierungen, die politischen Maßnahmen zu ergreifen, die Voraussetzung für die zum Gelingen des europäischen Projekts notwendigen demokratischen Regierungsformen wären. Unter dem Vorwand, nationale Interessen zu schützen, verteidigten sie in Wirklichkeit die Interessen einer kleinen Gruppe nationaler Eliten, deren politischer Einfluss auf ihrer finanziellen und wirtschaftlichen Macht fuße.[9] Das Aufeinanderprallen nationaler Interessen könnte Menasses Ansicht nach zum Zerfall der EU führen. Die einzig gangbare Lösung liege in einer echten Demokratisierung der EU im Rahmen einer neuen Form der Integration, in der den einzelnen Regionen eine entscheidende Rolle zukommt.

Die Frage der Institutionalisierung eines derartigen Projektes klammert Menasse aus, und es gibt gute Gründe, skeptisch zu sein, ob man den Nationalstaat in naher Zukunft völlig übergehen kann. Vielleicht wäre jedoch eine Mischlösung denkbar, für die sich interessante Anregungen in den Gedanken finden, die Massimo Cacciari sich über den Föderalismus gemacht hat. Ausgangspunkt von Cacciaris Überlegungen ist, dass zwei große Bewegungen den modernen Staat zu zerreißen drohen: eine mikronationale und eine supranationale. Von innen gerät der moderne Staat durch regionalistische Bewegungen unter Druck, von außen infolge der Entstehung supranationaler Mächte und Institutionen und des wachsenden Einflusses der Finanzwelt und multinationaler Konzerne. Die Antwort auf diese Bedrohungen liegt für Cacciari in einem »Föderalismus von unten« als Gegenmodell zum »Föderalismus von oben«. Dieser Föderalismus von unten würde die spezifischen Identitäten unterschiedlicher Regionen und Städte anerkennen, nicht, um sie zu isolieren und voneinander zu trennen, sondern mit dem Ziel, die Bedingungen für eine Autonomie zu schaffen, deren Grundlage eine Vielzahl von Wechselbeziehungen zwischen diesen Regionen und Städten wäre.

Man kann sich das, was Cacciari propagiert, als eine Art föderale Union vorstellen, deren Bestandteile nicht auf Nationalstaaten beschränkt wären, sondern in der auch

Regionen eine wichtige Rolle spielen würden. Besonders interessant im Hinblick auf ein agonistisches Modell von Europa erscheint mir Cacciaris These, eine derartige Union wäre die Manifestation einer Form von Autonomie, die ihren Ausdruck in auf konflikthafte Weise miteinander verflochtenen Systemen fände und Solidarität und Wettbewerb miteinander in Einklang bringen würde. In Einbeziehung von Cacciaris Anregungen könnten wir uns eine Europäische Union vorstellen, die nicht nur eine aus Nationalstaaten zusammengesetzte »Demoikratie« ist, sondern eine Fülle unterschiedlicher Arten von Demoi umfasst, so dass Demokratie in ihr auf verschiedenen Ebenen und auf vielerlei unterschiedliche Art und Weise praktiziert werden könnte. Ein solches Modell berücksichtigt und artikuliert kollektive Identitäten unterschiedlicher Form, nicht nur nationale, sondern auch regionale. Außerdem wird es der wachsenden Bedeutung von Städten und ihren neuen Formen der Kooperation gerecht. Darüber hinaus verweist Cacciari auf die Möglichkeit, an vielen Orten, an denen es kulturelle oder wirtschaftliche Gemeinsamkeiten gibt, wie zum Beispiel an den Grenzen zwischen Frankreich und Spanien, Frankreich und Italien oder Österreich und Italien, regionale Einheiten auf nationenübergreifender Ebene zu schaffen.

Ein solches Modell der Europäischen Union ermöglicht einen effektiven Pluralismus demokratischer Einheiten und versetzt uns in die Lage, uns deren Beziehungen untereinander als tatsächlich »agonistisch« vorzustellen. Nationen sind wichtig; darüber darf man jedoch nicht ausblenden, dass es andere wichtige Formen der Zugehörigkeit und andere Räume gibt, in denen demokratische

Partizipation stattfindet. Eine agonistische Europäische Union sollte den Menschen die Möglichkeit der Partizipation an einer Vielzahl von Demoi eröffnen, so dass sie ihre demokratischen Rechte ausüben können, ohne ihre nationale oder regionale Zugehörigkeit aufzugeben.

Welche Form der Demokratie: deliberativ oder agonistisch?

In Bezug auf die Demokratie gibt es noch einen weiteren Aspekt, der hier zu diskutieren ist. Die meisten Theoretiker, die Modelle für mehr Demokratie in der EU ausgearbeitet haben – und nicht nur jene, die sich für die Gründung eines supranationalen Staates einsetzen –, arbeiten mit dem Paradigma der deliberativen Demokratie. Sie alle behaupten, zur Behebung des »Demokratiedefizits« und zur Stärkung der demokratischen Legitimierung der EU bedürfe es der Schaffung einer europäischen öffentlichen Sphäre, damit die Bürger durch eine Vielzahl deliberativer Verfahren in die Lage versetzt werden, sich zu informieren, Meinungen auszutauschen und Gemeinsinn zu entwickeln. Das Entscheidende sei die Schaffung von Plattformen für den informierten Dialog, auf denen die Bürger sich eine Meinung bilden und hinsichtlich des Gemeinwohls einen Konsens herstellen können. Zwar gibt es eine Vielzahl deliberativer Anregungen für die EU; allen gemeinsam ist jedoch die Vorstellung, dass die Bürger die Möglichkeit haben sollten, durch gut informierte Partizipation und Diskussion einen Konsens über die besten politischen Ansätze zu erzielen.

Ein wichtiger Teil meiner Arbeiten im Bereich der Demokratietheorie ist der Kritik am rationalistischen und individualistischen Ansatz des deliberativen Demokratiemodells gewidmet. In *Das demokratische Paradox* habe ich zum Beispiel die beiden wichtigsten Versionen – das von Rawls und das von Habermas – untersucht und aufgezeigt, dass beide unfähig sind, die antagonistische Dimension des »Politischen« zur Kenntnis zu nehmen.[10] Sowohl Rawls als auch Habermas behaupten, wenn auch mit unterschiedlichen Argumenten, der Zweck der Demokratie bestehe darin, in der Öffentlichkeit einen rationalen Konsens herzustellen. Ihre Theorien unterscheiden sich hinsichtlich der Verfahren der Deliberation, die dazu vonnöten sind, doch ihr Ziel ist dasselbe: über das »Gemeinwohl« einen Konsens ohne jede Exklusion herzustellen. Beide beanspruchen für sich, pluralistisch zu sein, doch handelt es sich dabei eindeutig um einen Pluralismus, dessen Legitimität nur in der Privatsphäre anerkannt ist und in der öffentlichen Sphäre keinerlei konstitutiven Rang besitzt. Sie beharren darauf, dass demokratische Politik die Verbannung der Leidenschaften aus der öffentlichen Sphäre voraussetzt, und das ist natürlich der Grund, weshalb sie den Prozess der Konstitution politischer Identitäten nicht verstehen.

Diese Schwächen des deliberativen Modells charakterisieren auch die verschiedenen Versuche, mithilfe dieses Modells für mehr Demokratie in der EU zu sorgen. Wenn wir uns daher vornehmen, die verschiedenen Formen der demokratischen Partizipation auf einer Vielzahl von Ebenen der europäischen Demoikratie zu etablieren, so möchte ich betonen, dann ist es wichtig, sie nicht aus Sicht des deliberativen Ansatzes zu betrachten, sondern aus der Perspektive des konfliktären agonistischen Ansatzes. Nimmt man die entscheidende Rolle zur Kenntnis, die Affekten und Leidenschaften in der Politik zukommt, so lautet die zentrale Frage, wie sich diese für demokratische Zwecke mobilisieren lassen. Das erfordert meiner Ansicht nach die Politisierung des europäischen Projekts, die es den Bürgern der verschiedenen Demoi ermöglichen würde, in eine konfliktäre Konfrontation zwischen unterschiedlichen Auffassungen des Charakters der EU und ihrer Rolle in der Welt einzutreten.

Damit eine solche konfliktäre Konfrontation stattfinden kann, muss es zwischen den europäischen Bürgern allerdings etwas »Gemeinsames« geben, was den Rahmen des »konflikthaften Konsenses« abstecken kann, der für eine agonistische Konfrontation Vorbedingung ist. Wie kann man sich dieses verbindende Gemeinsame vorstellen? Dieser Frage widmet sich Jonathan White in einem Artikel, in dem er untersucht, wie unterschiedliche Ansätze dieses Gemeinsame konzeptualisieren.[11] White unterscheidet zwischen einer minimalistischen, einer maximalistischen und einer dazwischenliegenden Auffassung des Gemeinsamen und arbeitet heraus, welche Folgen jede dieser Alternativen für die Vorstellung vom Charakter des europäischen Gemeinwesens hat. Dem minimalistischen Ansatz zufolge besteht das Verbindende aus gemeinsamen materiellen und sicherheitspolitischen Interessen; die wichtigsten Elemente des europäischen Gemeinwesens sind der Binnenmarkt und die Wirtschafts- und Währungsunion. Die Maximalisten halten dem entgegen, wirtschaftliche Bande reichten für die Konstitution einer politischen Gemeinschaft nicht aus, und fordern, das Gemeinsame durch kulturelle Bande zu stärken. Natürlich, so White, gebe es sehr unterschiedliche Vorstellungen, welche Form diese kulturellen Bande annehmen sollten, und nicht alle davon setzten die Essentialisierung ererbter Attribute voraus. Doch selbst diejenigen Ansätze, denen zufolge diese Bande aus gemeinsamen, auf der Grundlage vernünftiger Deliberation angenommenen Werten und Prinzipien bestehen, sind für White unzureichend, weil sie dem politischen Wettstreit und der Aktivierung der Bürger nicht zuträglich sind. Daher setzt White sich für eine politische Vorstellung des Gemeinsamen ein, die eine aktive Einbeziehung der Bürger in die Suche nach Lösungen für wichtige gemeinsame Probleme erfordert. Indem wir die EU als »Gemeinschaft der Projekte« und das Gemeinsame als Vielfalt von Problemen und wichtigen Angelegenheiten begreifen, können wir uns zahlreiche Verbindungslinien zwischen einer Vielzahl von Interessengruppen vorstellen und den Boden für ein breites Spektrum an Wir/Sie-Unterscheidungen bereiten. Diese Probleme, betont White,

> »wären nichts ›Gemeinsames‹ in dem Sinne, dass Konsens darüber bestünde, dass alle Mitglieder der politischen Gemeinschaft von jedem dieser Probleme gleichermaßen betroffen sind. Vielmehr käme durch die Annahme, innerhalb der politischen Gemeinschaften lebten Opponenten von ›Leuten wie uns‹, die zu diesen Problemen eine ganz andere Haltung haben, ja vielleicht sogar deren Ursache sind, eine Wir/Sie-Dynamik ins Spiel. Anstatt alle Bürger zu einem

> Ausbund an Einmütigkeit zusammenzuschweißen, würden die Probleme des politisch Gemeinsamen dafür sorgen, dass sich in einem Geflecht aus Loyalitäten und Konflikten verschiedene Untergruppen gegenüberstehen.«[12]

Indem es die Mängel des deliberativen Ansatzes offenlegt und die Bande zwischen den EU-Mitgliedern aus einer Perspektive darstellt, die dem politischen Wettstreit förderlich ist, passt Whites Plädoyer für eine politische Sicht des Gemeinsamen sichtlich gut zu meinem agonistischen Ansatz. Eine solche Sichtweise des verbindenden Gemeinsamen, das für den Zusammenhalt der verschiedenen Demoi der Europäischen Union unverzichtbar ist, könnte zugleich die Grundlage für eine effektive Politisierung der europäischen Politik darstellen.

Hinsichtlich der möglichen Formen, die eine solche Politisierung annehmen könnte, finden sich nützliche Anregungen in James Tullys Ausführungen zu den verschiedenen Modellen für demokratische Verhandlungen.[13] Indem er einem offenen Ansatz das Wort redet, der eine Vielzahl von Akteuren und Diskussionsräumen berücksichtigt und in dem die Verfahren keinen metademokratischen Status haben, sondern ebenfalls Gegenstand der Debatte sind, besteht Tully außerdem auf der Notwendigkeit, zwischen zwei verschiedenen Formen des demokratischen Verhandelns zu unterscheiden. Bei der einen steht das Ziel im Mittelpunkt, vorherrschende Normen infrage zu stellen und zu verändern, zur anderen kommt es, wenn mehrere Mitglieder der Gemeinschaft dieselben Normen teilen, aber in Übereinstimmung mit diesen unterschiedlich handeln. Tullys

Ansicht nach weist diese zweite Form auf die Existenz einer Vielzahl von Praktiken innerhalb eines Spektrums gemeinsamer Regeln hin, eine Tatsache, die bislang zu wenig berücksichtigt wurde, weil Politikwissenschaftler zu der Annahme neigen, dass es nur eine einzige richtige Art und Weise gebe, Normen anzuwenden und zu befolgen. Ich begrüße Tullys Verteidigung eines offenen Ansatzes ebenso wie die Bedeutung, die er dieser zweiten Form des Verhandelns beimisst. Beide seiner Anregungen sind meines Erachtens essenziell, um die Voraussetzungen für eine agonistische Konfrontation zu schaffen.

Eine europäische Alternative zum Neoliberalismus

White und Tully betonen, wenn auch auf je unterschiedliche Weise, die Notwendigkeit, die demokratische Debatte so zu gestalten, dass sie konfligierenden Interpretationen gemeinsamer ethisch-politischer Prinzipien Raum gibt und die Legitimität von Meinungsverschiedenheiten anerkennt. Das ist in der Tat ein entscheidender Punkt, um unter den europäischen Bürgern eine agonistische Auseinandersetzung über die Zukunft der EU in Gang zu bringen. Ich bin überzeugt, dass eine solche Auseinandersetzung in der derzeitigen Situation absolut unverzichtbar ist. Bei vielen Linken regen sich Zweifel, ob es möglich sei, im Rahmen der EU eine Alternative zum neoliberalen Globalisierungsmodell zu entwickeln. Die EU wird zunehmend als ein im Kern neoliberales Projekt wahrgenommen, das unreformierbar ist. Der Versuch, ihre Institutionen umzugestalten, erscheint sinnlos, der Ausstieg als die einzig verbleibende Lösung. Diese pessimistische Sicht entsteht zweifellos dadurch, dass alle Versuche, die vorherrschenden neoliberalen Regeln zu hinterfragen, als Ausdruck eines antieuropäischen Angriffs auf die Existenz der EU dargestellt werden. Solange es unmöglich ist, legitime Kritik an der derzeitigen neoliberalen Politik zu äußern, nimmt es nicht wunder, dass immer mehr Menschen zu Europaskeptikern werden. Sie sind überzeugt, dass die Ursache für unser derzeitiges Dilemma im europäischen Projekt selbst liegt, und befürchten, dass mehr europäische Integration nur auf die Stärkung der neoliberalen Hegemonie hinauslaufen kann. Eine solche Haltung gefährdet den Fortbestand des europäischen Projekts, und die einzige Chance, ihre fortschreitende Ausbreitung aufzuhalten, besteht darin, die Voraussetzungen für eine demokratische Kontroverse innerhalb der Europäischen Union zu schaffen.

Doch die Aussichten waren nicht immer so düster. Vor einigen Jahrzehnten vermochte das europäische Projekt noch Begeisterung zu entfachen und Ausdruck der Sehnsüchte und Erwartungen vieler Menschen zu sein. Wodurch wurde dieser Stimmungsumschwung ausgelöst? Mehrere Erklärungen wurden ins Feld geführt. Sie reichen von den geopolitischen Umwälzungen im Zusammenhang mit dem Ende des Kalten Krieges bis hin zu Widerständen gegen eine zu rasche, ohne Zustimmung der Bürger von oben aufoktroyierte Erweiterung der Union. Der am häufigsten angeführte Kritikpunkt lautet, die Europäische Union leide an einem Demokratiedefizit und einem Mangel an Legitimität. Fraglos gibt es in dieser Hinsicht ernstzunehmende Probleme, und durch die Finanzkrise und die einseitig auf Sparmaßnahmen setzende Reaktion der EU ist die Situation natürlich noch verschärft worden.

Im Kern geht die Entfremdung von der EU meiner Meinung nach auf das Fehlen eines Projekts zurück, das unter den europäischen Bürgern ein starkes Identitätsgefühl entstehen lassen und ein Ziel darstellen könnte, das ihre politischen Leidenschaften in demokratische Bahnen lenkt. Derzeit besteht die EU nicht aus Bürgern, sondern aus Konsumenten. Sie wurde im Wesentlichen auf der Grundlage eines gemeinsamen Marktes errichtet und hat niemals zur Entstehung eines gemeinsamen Willens geführt. Kein Wunder, dass manche in einer von einer Wirtschaftskrise und Sparmaßnahmen geprägten Zeit ihren Nutzen infrage stellen und dabei ihre große Leistung vergessen, Europa befriedet zu haben. Um die Europäer enger an Europa zu binden, bedarf es daher der Ausarbeitung eines soziopolitischen Projekts. Das Ziel eines solchen Projekts sollte meiner Ansicht nach das Anbieten einer Alternative zum in den vergangenen Jahrzehnten vorherrschenden neoliberalen Modell sein. Dieses Modell steckt derzeit in der Krise, doch ein neues steht noch nicht zur Verfügung. In Anlehnung an Gramsci könnte man sagen, dass wir Zeugen einer »organischen Krise« sind, in der das alte Modell keinen Fortbestand haben kann, das neue das Licht der Welt jedoch noch nicht erblickt hat. Leider kann die Linke aus dieser Situation kein Kapital schlagen, weil sie zu lange akzeptiert hat, dass es zur neoliberalen Globalisierung keine Alternative gebe. Schließlich haben beim Prozess der Deregulierung und Privatisierung, der zur Konsolidierung der neoliberalen Hegemonie beigetragen hat, Mitte-links-Regierungen in vielen Ländern eine wichtige Rolle gespielt. Und die europäischen Institutionen sind für die aktuelle Krise unbestreitbar mitverantwortlich. Diese Krise jedoch als eine Krise des europäischen Projekts darzustellen ist ein Fehler. Sie ist eine Krise seiner neoliberalen Inkarnation, und deshalb sind die derzeitigen Versuche, sie mit noch mehr neoliberaler Politik zu lösen, zum Scheitern verurteilt.

Aus der Erkenntnis, dass die mangelnde Begeisterung für die EU auf die neoliberale Wende zurückgeht, ergibt sich die Hoffnung, dass die Formulierung einer Alternative auch dazu beitragen könnte, die Legitimität des europäischen Projekts wiederherzustellen. Wie kann man sich das vorstellen? Viele linke Ökonomen beschäftigen sich intensiv mit der Ausarbeitung konkreter Vorschläge, und mich mit ihnen auseinanderzusetzen ist hier nicht meine Aufgabe. Dem Wirtschaftsmodell kommt natürlich entscheidende Bedeutung zu, doch die Schaffung eines Europas der Bürger erfordert mehr als wirtschaftliche Maßnahmen. Mich interessiert in erster Linie die politische Vision, die den ökonomischen Modellen zugrunde liegen muss. Der erste Schritt bestünde für die EU darin, sich klar vom angelsächsischen Kapitalismusmodell zu distanzieren. Dazu wäre eine Rückbesinnung auf die sozialdemokratische Tradition erforderlich, die die europäische Politik seit dem Zweiten Weltkrieg entscheidend geprägt hat. Aber das alleine genügt natürlich nicht. Vieles hat sich verändert, und man kann nicht einfach zur traditionellen Sozialdemokratie zurückkehren. Nach

Jahrzehnten der neoliberalen Politik überrascht es nicht, dass viele sich wehmütig nach der Ära des Sozialstaats zurücksehnen. Vergessen wir jedoch nicht die Defizite der Sozialdemokratie und dass viele dieser Defizite das Fundament für den Erfolg neoliberaler Parteien gelegt haben. So hat die bürokratische Umsetzung der Umverteilungspolitik unbestreitbar ebenjene verprellt, die von ihr profitiert haben, und sie für die neoliberale Rhetorik anfällig werden lassen. Noch wichtiger ist die Einsicht, dass die aktuelle Krise zivilisatorischer Natur ist; sie betrifft nicht nur wirtschaftliche und finanzielle Faktoren, sondern unser gesamtes Entwicklungsmodell. Worum es geht ist eine neue Vision, die die positiven Aspekte der Sozialdemokratie im Hinblick auf soziale Rechte wiederbelebt, in mehreren zentralen Bereichen aber deutlich darüber hinausgeht und wirtschaftliche Fragen mit sozialen, ökologischen und politischen verschränkt.

Ein Kernbestandteil dieses postsozialdemokratischen ökologischen Projekts sollte die Infragestellung der weithin akzeptierten These sein, wonach der Freihandel ein Fortschritt sei, und eine Form des europäischen Protektionismus zu verteidigen, die mit den Zielen der Linken im Einklang steht. Bemerkenswerterweise scheint – abgesehen von einigen Sektoren der globalisierungskritischen Bewegung – allgemeine Einigkeit über die Vorteile zu herrschen, die der Freihandel der ganzen Welt gebracht habe. In Wirklichkeit ist das genaue Gegenteil der Fall. Ein gutes Beispiel dafür sind die Folgen der neoliberalen Globalisierung. Eine der Konsequenzen des Freihandelsdogmas war, dass viele große Unternehmen ihre Produktion nicht mehr an der Inlandsnachfrage ausrichten, sondern an den Exportchancen. Damit ist ein doppelter negativer Effekt verbunden, im Inland wie im Ausland. In von multinationalen Konzernen dominierten Branchen geht es den Unternehmen nicht mehr um den heimischen Markt der Länder, in denen sie angesiedelt sind, und um die Notwendigkeit, ein gewisses Maß an Beschäftigung zu erhalten, um die eigenen Produkte verkaufen zu können. Ihr Ziel lautet, möglichst billige Arbeitskräfte zu finden, damit sie ihren Gewinn maximieren können. Daher die Vorliebe für Standortverlagerungen, die in verschiedenen Ländern zum Anstieg der Arbeitslosigkeit beigetragen haben.

Was das Gros der Länder betrifft, in die die Produkte exportiert werden, so hatte der Freihandel dramatische Folgen. Immer mehr traditionelle Industriezweige werden vernichtet, weil die lokalen Produzenten mit den Billigimporten nicht konkurrieren können. Das wiederum zwingt eine wachsende Zahl von Menschen, die hoffen, anderswo ihr Überleben sichern zu können, in die Emigration. Kommen diese Immigranten in Europa an, so werden sie von den Europäern, die nicht durchschauen, dass sie es mit einem von ihrer eigenen Politik verursachten Problem zu tun haben, als Bedrohung wahrgenommen.

Der einzige Ausweg aus diesem Teufelskreis besteht darin, die Ideologie des Freihandels zu entlarven und die wirtschaftliche Entwicklung aus regionaler Perspektive anzugehen. Mehrere Theoretiker und Politiker der französischen Linken haben in jüngerer Zeit argumentiert, einige protektionistische Maßnahmen in Europa wären ein wichtiger Schritt hin zu einem anderen Entwicklungsmodell, das respektvoller mit unserer Umwelt umgeht.[14] Auf diese Weise ließe sich in Europa ihrer Überzeugung nach eine neue, ökologische und soziale industrielle Basis aufbauen. Das wäre eine Art von Protektionismus, dessen Triebfeder nicht Angst ist, sondern Solidarität, und dessen segensreiche Wirkungen nicht nur Europa, sondern auch anderen Regionen zugutekämen. Tatsächlich haben sich in jüngerer Zeit mehrere progressive Regierungen in Südamerika, die dem Freihandel gegenüber kritisch eingestellt sind, für ähnliche Ideen starkgemacht und betont, die Verhandlungen über die Handelsbeziehungen zwischen der EU und Lateinamerika müssten das Ungleichgewicht zwischen ihren Volkswirtschaften und der EU berücksichtigen und der Notwendigkeit gerecht werden, ihre einheimische Industrie zu schützen.

Eine Schlüsselposition nimmt aus dieser Perspektive der Bereich der Nahrungsmittelproduktion ein. Der drastische weltweite Anstieg der Nahrungsmittelpreise 2008 hat eine wichtige Debatte ausgelöst, die mehrere interessante Vorschläge hervorgebracht hat. Diese Vorschläge beharren darauf, dass das Recht auf Ernährungssouveränität respektiert werden muss, und fordern eine von den Prinzipien Solidarität und Erhalt der natürlichen Ressourcen geleitete Regulierung der internationalen Handelsströme. Bewegungen wie Via Campesina, die auf diesem Gebiet sehr aktiv sind, haben die politische Dimension dieses Kampfes in den Vordergrund gerückt und die großen, multinationalen Agrarkonzerne zu ihrem wichtigsten Gegner erklärt. Fest steht: Eine nachhaltige Politik wird die bestehende Struktur der Machtverhältnisse infrage stellen müssen, und deshalb muss sie in ein weiter gefasstes politisches Projekt eingebettet werden. Ein solches Projekt darf sich nicht auf die nationale Ebene beschränken – es muss auf europäischer Ebene formuliert werden. Im Kampf für eine Alternative muss die Linke ihre Kräfte in allen europäischen Ländern daher unbedingt bündeln.

Wir sollten uns der Tatsache bewusst sein, dass ein nachhaltiges politisch-ökonomisches Projekt auf Widerstand stoßen wird, nicht von Seiten der Mächtigen, sondern auch von Seiten jener Bevölkerungssektoren, die weniger profitieren werden. Tatsächlich wird in den hochentwickelten Industrienationen, deren Wohlstand und hohes Niveau an sozialer Absicherung schon immer von der Ausbeutung nichtwestlicher Gesellschaften abhängig war, ein tiefgreifender Wandel der Lebensweise vonnöten sein. Schon die Debatte über den Klimawandel hat gezeigt, dass eine Lösung des Problems der Erderwärmung ohne einschneidende Veränderungen unseres Lebensstils nicht möglich sein wird. Doch das ist nur ein Bereich, in dem wir Opfer bringen werden müssen. Wir werden uns an den Gedanken gewöhnen müssen, dass der Abbau globaler Ungleichheiten gravierende Veränderungen unserer konsumistischen Lebensweise erfordert. Was nottut, ist eine wahrhafte »intellektuelle und moralische Reform« im Sinne Gramscis, und das stellt die Linke im Westen vor eine echte Herausforderung. Lange Zeit wurde das Projekt der Linken im Sinne einer gerechteren Ressourcenverteilung im Inland und im Sinne der Erhöhung der Chancen weniger begünstigter Gruppen verstanden, an den Früchten des nationalen Wohlstands teilzuhaben. Diese Linie kann nachhaltige demokratische Politik heute nicht mehr verfolgen. Um globale Probleme anpacken zu können, wird linke Politik den Mut aufbringen müssen, den Bürgern im Westen zu sagen, dass sie nicht weiterhin nach den Prämissen des bisherigen Wachstumsmodells leben können. Das wird alles andere als leicht sein. Aus diesem Grund haben es die meisten Mitte-links-Parteien bislang vorgezogen, die Frage der globalen Gerechtigkeit auf moralistische Weise zu stellen – sei es durch »Wohltätigkeitsaktionen« oder das Erzeugen von Mitgefühl mithilfe großer Medienereignisse. Weitere Positionen bestehen im Kampf gegen politische Maßnahmen zur Beschränkung der Einwanderung oder in der Forderung nach freiem Personenverkehr als Ausgleich für den freien Kapitalverkehr. Will man das Problem nicht moralisch, sondern politisch angehen, so darf man nicht nur Maßnahmen zur Abmilderung der negativen Auswirkungen unseres heutigen konsumistischen Modells vorschlagen; man muss dessen Grundannahmen infrage stellen.

Ein Wort noch zur der Rolle, die die Europäische Union im globalen Kontext spielen sollte. Der von mir vertretene multipolare Ansatz wendet sich gegen eine Sichtweise, der zufolge die EU ein Vorreiter für die Schaffung einer auf der Universalisierung der liberalen Demokratie beruhenden Weltordnung ist. Im zweiten Kapitel habe ich deutlich gemacht, dass ich das theoretische Fundament einer solchen Vorstellung ablehne. Die Welt ist kein Universum, sondern ein Pluriversum, und das westliche Modell stellt nur eine mögliche politische Lebensform unter mehreren dar. Statt als Speerspitze für die Vereinigung der Welt sollte man sich die

EU als regionalen Pol in einer multipolaren Welt vorstellen. Ein solcher Pol verfügt über keinerlei ontologisches Privileg aufgrund seiner vermeintlich überlegenen Form der Rationalität oder Moralität; das heißt jedoch nicht, dass er nicht eine positive Rolle spielen könnte. Durch sein Eintreten für einen pluralistischen Ansatz könnte dieser Pol zur Entstehung einer agonistischen Weltordnung beitragen, die die Vielfalt an Lebens- und Organisationsformen berücksichtigt. Sicherlich wird eine solche Weltordnung keinen »ewigen Frieden« bringen. Sie wird jedoch zweifellos die Zahl der Gelegenheiten für antagonistische Formen der Konfrontation verringern.

Anmerkungen

1 Henry Staten, *Wittgenstein and Derrida*, Lincoln: University of Nebraska Press 1984.
2 Ernesto Laclau/Chantal Mouffe, *Hegemonie und radikale Demokratie. Zur Dekonstruktion des Marxismus*, Wien: Passagen Verlag 1991 [1985].
3 Jürgen Habermas, *Die Einbeziehung des Anderen*, Frankfurt am Main: Suhrkamp 1996, S. 185-191.
4 Sigmund Freud, *Massenpsychologie und Ich-Analyse*, Leipzig u. a.: Internationaler Psychoanalytischer Verlag 1921, S. 45.
5 Sigmund Freud, *Das Unbehagen in der Kultur*, Wien: Internationaler psychoanalytischer Verlag 1930, S. 80.
6 Ebd., S. 85.
7 Olivier Beaud, »La question de l'homogénéité dans une fédération. Des Etats-Unis d'Amérique à l'Europe«, in: *Lignes* 13 (Februar 2004), S. 110-129, S. 114. Weiter ausgeführt werden diese Überlegungen in Olivier Beaud, *Théorie de la Fédération*, Paris: PUF 2007.

8 Kalypso Nicolaïdis, »Demos et demoï: Fonder la constitution«, in: *Lignes* 13 (2004), S. 88-109, S. 98 f.

9 Robert Menasse, *Der Europäische Landbote. Die Wut der Bürger und der Friede Europas*, Wien: Zsolnay 2012, S. 59.

10 Chantal Mouffe, *Das demokratische Paradox*, Wien: Turia & Kant 2008 [2000].

11 Jonathan White, »Europe and the common«, in: *Political Studies* 58/1 (2010), S. 104-122.

12 Ebd., S. 114.

13 James Tully, »A new kind of Europe? Democratic integration in the European Union«, in: *Critical Review of International and Political Philosophy* 10/1 (2007), S. 71-86.

14 Vgl. z.B. Emmanuel Todd, *Après la démocratie*, Paris: Gallimard 2008; Armand Montebourg, *Votez pour la démondialisation! La République plus forte que la mondialisation*, Paris: Flammarion 2011.

4. Radikale Politik heute

Die Jahre der unangefochtenen Hegemonie des Neoliberalismus liegen glücklicherweise hinter uns. Im Zuge der Vervielfachung der Protestbewegungen erleben wir ein neuerliches Interesse an einer Form der radikalen Politik, die möglicherweise eine Alternative zur derzeitigen neoliberalen Globalisierung hervorbringen könnte. Allerdings besteht keine Einigkeit über die Modalitäten und Ziele einer solchen Politik. Welche Strategie sollte man verfolgen? Wie sollte eine solche Bewegung mit den bestehenden Institutionen umgehen?

In diesem Kapitel setze ich mich mit zwei verschiedenen Vorschlägen auseinander. Der erste, der innerhalb sozialer Bewegungen sehr einflussreich ist, tritt für eine Strategie des »Rückzugs aus den Institutionen« ein. Der zweite, den ich befürworte, fordert die »Auseinandersetzung mit Institutionen«. Ich werde zunächst die wichtigsten Unterschiede zwischen diesen beiden Ansätzen hinsichtlich ihrer politischen Strategie untersuchen und dann ihre jeweiligen philosophischen Grundlagen analysieren. Auf diesem Wege werde ich aufzeigen, inwiefern die unterschiedliche politische Ausrichtung dieser beiden Modelle auf ihre unterschiedlichen Ontologien zurückgeht.

Kritik als Rückzug aus

Das von Michael Hardt und Antonio Negri in ihren Büchern *Empire*, *Multitude* und *Commonwealth* entworfene Modell radikaler Politik erfordert den Bruch mit der Moderne und die Ausarbeitung eines alternativen Ansatzes, den sie zunächst als »postmodern« bezeichnet haben, mittlerweile aber bevorzugt »altermodern« nennen.[1] Ihrer Ansicht nach ist ein solcher Bruch aufgrund der tiefgreifenden Umwälzungen notwendig, zu denen es in unseren Gesellschaften seit den letzten Jahrzehnten des 20. Jahrhunderts gekommen ist. Diese Umwälzungen, die sie als Folgen der Globalisierung und des Übergangs vom Fordismus zum Postfordismus begreifen – einer von den Arbeitern erkämpften Veränderung des Arbeitsprozesses –, lassen sich kurz in den folgenden Punkten zusammenfassen:

1. Die Souveränität hat eine neue Form angenommen, die aus einer Reihe nationaler und supranationaler, unter einer einzigen Herrschaftslogik vereinten Organismen besteht. Diese neue, globale Form der Souveränität, die sie als »Empire« bezeichnen, hat das Zeitalter des Imperialismus abgelöst, das von Versuchen der Nationalstaaten charakterisiert war, ihre Souveränität über ihre Grenzen hinaus auszudehnen. Im Gegensatz zu dem, was in der Phase des Imperialismus geschah, hat das derzeitige Empire kein territoriales Machtzentrum und keine festgelegten Grenzen; es ist ein dezentrierter und enträumlichter Herrschaftsapparat, der sich mit seinen offenen, sich ausdehnenden Grenzen allmählich den gesamten Globus einverleibt.

2. Diese Umwälzungen hängen mit einer Veränderung der kapitalistischen Produktionsweise zusammen, im Zuge derer die Bedeutung industrieller Fabrikarbeit abgenommen hat, während kommunikative, kooperati-

ve und affektive Arbeit aufgewertet wurde. Im Zuge der Postmodernisierung der Weltwirtschaft wird Wohlstand zusehends durch biopolitische Produktion geschaffen. Das Ziel der Herrschaft des Empire ist daher das gesellschaftliche Leben in seiner Gesamtheit, die paradigmatische Form von Biomacht.

3. Derzeit erleben wir den Übergang von einer »Disziplinargesellschaft« zu einer »Kontrollgesellschaft«, die durch ein neues Machtparadigma charakterisiert ist. In der Disziplinargesellschaft, die der ersten Phase der kapitalistischen Akkumulation entspricht, basiert die Herrschaft auf einem diffusen Netzwerk aus Dispositiven oder Instrumentarien, die mithilfe disziplinierender Institutionen wie Gefängnissen, Fabriken, Heimen, Krankenhäusern, Schulen etc. die Gebräuche, Gewohnheiten und Produktionspraktiken hervorbringen und kontrollieren.

Die Kontrollgesellschaft hingegen ist eine Gesellschaft, in der die Herrschaftsmechanismen in die Gesellschaft eingebettet werden. Über Mechanismen, die unmittelbar die Gehirne und Körper der Bürger beeinflussen, wird die Art und Weise der sozialen Integration und Exklusion mehr und mehr verinnerlicht. Dieses neue Machtparadigma ist »biopolitischer« Natur. Worum es im Hinblick auf die Macht unmittelbar geht, ist die Produktion und Reproduktion des Lebens selbst.

4. Hardt und Negri sind der Auffassung, dass Begriffe wie »Massenintellektualität«, »immaterielle Arbeit« und »General Intellect« uns helfen, das Verhältnis von gesellschaftlicher Produktion und Biomacht zu erfassen. Die zentrale Rolle bei der Produktion von Mehrwert,

die ehemals der Arbeitskraft der Fabrikarbeiter zukam, wird heute zunehmend von intellektueller, immaterieller und kommunikativer Arbeitskraft ausgefüllt. Das Gebilde der an der Kommunikation, Kooperation und Reproduktion von Affekten beteiligten immateriellen Arbeit nimmt im Schema der kapitalistischen Produktion eine immer zentralere Position ein.

5. Im Rahmen des Übergangs zur Postmoderne und zur biopolitischen Produktion ist Arbeitskraft zusehends kollektiv und sozial geworden, und für diese kollektiven Arbeiter bedarf es eines neuen Begriffs: den der »Multitude«. Die Errichtung des Empire betrachten Hardt und Negri als eine Antwort auf die mannigfaltigen Machtmaschinen und Kämpfe der Multitude. Die Multitude rief ihrem Modell nach das Empire ins Leben, und insofern, als sie eine echte Enträumlichung der früheren Ausbeutungs- und Kontrollstrukturen bewirkt, ist die Globalisierung eine Vorbedingung für die Befreiung der Multitude.

Hardt und Negri berufen sich, wenn auch nicht immer ganz zu Recht, auf die Analysen von Foucault und Deleuze und stellen die These auf, das Ende der Disziplinarordnung, die in abgeschlossenen Räumen wie Schulen, Fabriken und Heimen über Körper herrschte, und ihre Ersetzung durch mit der Entwicklung von Netzwerken verbundene Kontrollverfahren führe zu einer neuen Herrschaftsform. Diese Form der Herrschaft ermögliche autonomere und unabhängigere Formen der Subjektivität. Dank der zunehmenden Verbreitung neuer Formen der kooperativen Kommunikation und der Erfindung neuer, kommunikativer Lebensformen könnten sich diese Subjektivitäten frei entfalten und zur Ausbildung neuer Formen von sozialen Beziehungen beitragen, die das kapitalistische System letztlich ablösen würden.

Für Hardt und Negri besteht kein Zweifel daran, dass der Übergang zum Empire neue Möglichkeiten für die Befreiung der Multitude eröffnet. Die kreativen Kräfte der Multitude, die das Empire aufrechterhalten, könnten ein Gegen-Empire schaffen, eine alternative politische Organisation der weltweiten Handelsströme und der Globalisierung, und diese so neu organisieren und für neue Ziele einsetzen.

Die Analyse von Paolo Virno, eines weiteren postoperaistischen Denkers, dargelegt in seinem Buch *Grammatik der Multitude*, deckt sich in weiten Teilen mit der von Hardt und Negri, weicht jedoch in wichtigen Punkten von ihr ab.[2] Was die Zukunft anbelangt, ist Virno beispielsweise weit weniger optimistisch. Stehen Hardt und Negri für eine messianische Vision der Rolle der Multitude, wonach diese notwendigerweise das Empire zu Fall bringen und eine »absolute Demokratie« errichten werde, betrachtet Virno die aktuellen Entwicklungen mit Blick auf die neuen, für die Phase des Postfordismus typischen Formen der Unterwerfung und Prekarisierung als ambivalentes Phänomen.

Tatsächlich seien die Menschen gegenüber früher weniger passiv, aber nur, weil sie jetzt selbst aktiv an ihrer Prekarisierung mitwirken. Anstatt die Generalisierung der immateriellen Arbeit wie Hardt und Negri als eine Form von »spontanem Kommunismus« zu begreifen, betrachtet Virno den Postfordismus eher als Manifestation des »Kommunismus des Kapitals«. Kapitalistische

Initiativen, merkt Virno an, machten sich heute ebenjene materiellen und kulturellen Bedingungen zunutze, die unter anderen Umständen einer potenziell kommunistischen Zukunft den Weg ebnen hätten können.

Im Hinblick auf die Frage, wie die Multitude sich selbst befreien könnte, erklärt Virno, die postfordistische Ära erfordere die Errichtung einer »Republik der Multitude«. Darunter versteht er eine Sphäre gemeinsamer Angelegenheiten, die nicht mehr vom Staat kontrolliert wird. Um die für die Multitude charakteristische Form des politischen Handelns zu beschreiben, führt er zwei Schlüsselbegriffe ein: »Exodus« und »ziviler Ungehorsam«. »Exodus« sei ein vollständig ausgearbeitetes Modell politischen Handelns, das den Herausforderungen moderner Politik gewachsen sei. Es beruht auf der massenhaften Lossagung vom Staat, mit dem Ziel, jenseits der und in Opposition zur Arbeit das »Öffentlichsein des Intellekts« zu entwickeln. Das setzt die Schaffung einer nichtstaatlichen öffentlichen Sphäre und eine radikal neue Form von Demokratie im Sinne des Aufbaus von und des Experimentierens mit Formen der nichtrepräsentativen und außerparlamentarischen Demokratie voraus, die auf Vereinigungen, Räten und Sowjets beruht.

Die Demokratie der Multitude findet in einer Ansammlung handelnder Minderheiten Ausdruck, die niemals danach streben, sich in eine Mehrheit zu verwandeln, und die eine Macht entwickeln, die sich weigert, eine Regierung zu bilden. Sie handeln »konzertiert«, doch obwohl sie bemüht sind, die oberste Macht zu demontieren, ist es nicht ihre Absicht, an ihrer Stelle

Staat zu werden. Aus diesem Grund muss sich der zivile Ungehorsam von der liberalen Tradition emanzipieren, innerhalb derer er in der Regel angesiedelt ist. Im Fall der Multitude bedeutet »ziviler Ungehorsam« nicht die Nichtbeachtung eines bestimmten Gesetzes, weil es mit den Prinzipien der Verfassung nicht vereinbar ist. Damit würde sie sich nach wie vor als dem Staat gegenüber loyal erweisen. Worum es gehen sollte, ist ein radikaler Ungehorsam, der die Befehlsgewalt des Staates prinzipiell infrage stellt.

Was die Frage betrifft, welche Art des politischen Handelns für die Befreiung des Multitude besser geeignet sei, gibt es zwischen Virno und Hardt und Negri keine grundsätzlichen Unterschiede, sprechen sich doch auch jene für Desertion und Exodus aus. Galt im Zeitalter der Disziplinierung die Sabotage als zentrale Form des Widerstands, ist es Hardt und Negri zufolge im Zeitalter des Empire die Desertion. Eben in der Desertion, im Rückzug von den Orten der Macht, sehen sie die Chance, Schlachten gegen das Empire zu gewinnen. Desertion und Exodus betrachten sie als wirksame Form des Klassenkampfes gegen die imperiale Postmodernität.

Ein weiterer wichtiger Punkt, in dem Hardt, Negri und Virno sich einig sind, betrifft die Konzeption der Demokratie der Multitude. Zwar verwendet Virno niemals den Begriff »absolute Demokratie«, doch hier wie dort finden sich die Ablehnung des Modells der repräsentativen Demokratie und die Formulierung eines scharfen Gegensatzes zwischen der Multitude und dem Volk. Das Problem mit dem Begriff »Volk« liege darin, dass dieses als eine Einheit mit einem einzigen Willen dargestellt und mit der Existenz des Staates verknüpft werde. Die Multitude dagegen scheut die politische Einheit. Sie ist nicht repräsentierbar, da sie eine singuläre Vielheit darstellt. Sie ist eine aktiv sich selbst organisierende Macht, die niemals den Status einer juristischen Person erlangen und sich nie zu einem gemeinsamen Willen vereinen kann. Sie befindet sich in Opposition gegen den Staat und gegen das »Volk«. Wie Hardt und Negri ist auch Virno der Auffassung, die Demokratie der Multitude könne man nicht mehr im Sinne einer souveränen Autorität fassen, die das Volk repräsentiert. Daher bedürfe es neuer, nichtrepräsentativer Formen von Demokratie.

Radikale Politik wird in diesem Ansatz als »Rückzug« aus bestehenden Institutionen verstanden, der die Selbstorganisation der Multitude fördern soll. Diese Strategie wird mit der Behauptung gerechtfertigt, in Zeiten der neuen, postfordistischen Produktionsformen, deren Kennzeichen die zentrale Bedeutung immaterieller Arbeit ist, seien für die Organisation der Produktion keine Kapitalisten mehr notwendig. Sie seien zu Parasiten geworden, die sich nur noch die vom »General Intellect« produzierten Werte aneigneten, ohne eine positive Rolle zu spielen. Mit einer Argumentation, die an die Prophezeiung von Marx erinnert, der Kapitalismus bringe seine eigenen Totengräber hervor, zeigen sie sich überzeugt, dass die Entwicklung des »kognitiven Kapitalismus« die Voraussetzungen für die Absetzung dieser parasitären Kapitalisten geschaffen habe. Die Multitude solle diesen Prozess beschleunigen, indem sie sich von allen Institutionen zurückzieht, mit denen die Kapitalisten verzweifelt versuchen, sie weiterhin zu knechten.

Kritik als hegemoniale Auseinandersetzung mit

Als Gegenentwurf zu dieser Strategie des »Rückzugs« möchte ich ein anderes Modell radikaler Politik vorschlagen, das auf der »Auseinandersetzung« mit Institutionen zum Zwecke der Konstruktion einer anderen Hegemonie beruht. Ich stimme mit den genannten Autoren darin überein, dass wir die einschneidenden Umwälzungen hinsichtlich der Art der Regulierung des Kapitalismus zur Kenntnis nehmen müssen, die der Übergang vom Fordismus zum Postfordismus mit sich gebracht hat. Auch ist es in der Tat notwendig, diese Umwälzungen nicht als bloße Folge des technologischen Fortschritts einzuordnen. Meiner Meinung nach kann man diesen Übergang mithilfe der Hegemonietheorie jedoch besser verstehen. Viele Faktoren haben zu diesem Wandel beigetragen, und es gilt ihr komplexes Zusammenspiel zu erkennen.

Das Problem des operaistischen wie des postoperaistischen Ansatzes liegt darin, dass beide für den Übergang vom Fordismus zum Postfordismus nur eine einzige Ursache sehen: den Widerstand der Arbeiter gegen den Prozess der Ausbeutung, der die Kapitalisten zwingt, den Produktionsprozess anders zu organisieren und vom Fordismus zum Postfordismus überzugehen, bei dem immaterielle Arbeit im Mittelpunkt steht. Der Kapitalismus kann für die Vertreter dieser Sichtweisen nur reagieren. Sie weigern sich, die kreative Rolle anzuerkennen, die sowohl Kapital als auch Arbeit spielen. Damit bestreiten sie letztlich die Rolle, die im Rahmen dieses Übergangs dem Ringen um die Hegemonie zukommt.

Um den Übergang vom Fordismus zum Postfordismus als ein Ringen um die Hegemonie wahrnehmen zu können, muss man sich von der Idee verabschieden, die Evolution des Arbeitsprozesses folge einer einzigen Logik: der des Kampfes der Arbeiterschaft. Man muss die proaktive Rolle zur Kenntnis nehmen, die das Kapital im Rahmen dieses Übergangs gespielt hat. Interessante Erkenntnisse, die zum besseren Verständnis dieser Rolle beitragen, finden sich in den Arbeiten von Luc Boltanski und Ève Chiapello. In ihrem Buch *Der neue Geist des Kapitalismus* zeigen sie auf, wie die Kapitalisten es geschafft haben, die von den neuen sozialen Bewegungen der sechziger Jahre erhobenen Forderungen nach Autonomie aufzugreifen, sie zur Entwicklung der postfordistischen, vernetzten Wirtschaft zu nutzen und sie in neue Formen der Kontrolle umzuwandeln.[3] Die »Künstlerkritik«, wie Boltanski und Chiapello die ästhetischen Strategien der Gegenkultur bezeichnen – die Suche nach Authentizität, das Ideal des Selbstmanagements, der antihierarchische Anspruch –, diente dem Werben für die Bedingungen, die für das neue Muster der kapitalistischen Regulierung notwendig waren und den disziplinarischen Rahmen ersetzten, der für die fordistische Ära charakteristisch gewesen war.

Das Entscheidende an diesem Ansatz ist aus meiner Sicht, dass er zeigt, dass ein zentraler Aspekt des Übergangs vom Fordismus zum Postfordismus in einem

Prozess der diskursiven Reartikulation bestehender Diskurse und Praktiken bestand. Aus diesem Grund können wir uns diesen Übergang als hegemoniale Intervention vorstellen. Und auch wenn Boltanski und Chiapello sich niemals dieses Vokabulars bedienen: Ihre Analyse ist zweifellos ein Beispiel für das, was Gramsci als »Hegemonie durch Neutralisierung« oder »passive Revolution« bezeichnet hat – eine Situation, in der sich das bestehende System Forderungen, die die hegemoniale Ordnung infrage stellen, zu eigen macht, um sie auf eine Weise zu erfüllen, die ihr subversives Potenzial neutralisiert.

Analysiert man den Übergang vom Fordismus zum Postfordismus mithilfe eines solchen Ansatzes, so können wir in ihm einen hegemonialen Schritt des Kapitals erkennen, der dem Ziel dient, seine führende Rolle und seine Legitimität wiederherzustellen, die Ende der sechziger und Anfang der siebziger Jahre ernsthaft infrage gestellt worden war. Das wiederum wird uns in die Lage versetzen, eine Vorstellung zu entwickeln, wie wir die neue kapitalistische Ordnung anfechten können, indem wir in einer Vielzahl von Bereichen, in denen die Knotenpunkte liegen, die das neue, postfordistische Muster der Regulierung des Kapitalismus sichern, eine gegenhegemoniale Offensive starten. Dabei handelt es sich um einen komplexen Prozess, der nicht nur darin bestehen kann, die verschiedenen Elemente, deren diskursive Artikulation die Struktur der derzeitigen Hegemonie bildet, voneinander abzugrenzen. Entscheidend ist der zweite Schritt: die Reartikulation. Sonst finden wir uns in einer chaotischen Situation bloßer Dissemination wieder und öffnen Versuchen der Reartikulation durch Beharrungskräfte Tor und Tür. Tatsächlich mangelt es nicht an historischen Beispielen für Situationen, in denen die Krise der vorherrschenden Ordnung rechtsradikalen Lösungen Vorschub leistete. Die Kritik und Desartikulation der bestehenden Hegemonie kann man nicht mit dem Mittel der Desertion bewerkstelligen, denn sie sollte mit einem Prozess der Reartikulation Hand in Hand gehen.

Dieser Doppelschritt aus Disartikulation und Reartikulation entgeht nicht nur den Befürwortern eines Exodus, sondern auch allen Vertretern von Ansätzen, die auf der Idee der Verdinglichung oder des falschen Bewusstseins beruhen, sind Letztere doch überzeugt, für die Errichtung einer neuen Ordnung, in der Unterdrückung und Macht der Vergangenheit angehören, genüge es, den ideologischen Ballast abzuwerfen.

Ein weiterer Punkt, in dem sich die beiden Strategien unterscheiden, ist die Bedeutung, die hegemoniale Politik der Errichtung einer »Äquivalenzkette« zwischen den verschiedenen demokratischen Forderungen beimisst. Es liegt auf der Hand, dass diese Forderungen nicht notwendigerweise konvergieren und sogar miteinander konfligieren können. Um sie in Forderungen umzuwandeln, die die bestehende Struktur der Machtverhältnisse infrage stellen, müssen sie politisch artikuliert werden.

Worum es geht, ist die Herstellung eines gemeinsamen Willens, eines »Wir«, und das erfordert die Bestimmung eines »Sie«. Dieses für die Sicherstellung der Geschlossenheit des gemeinsamen Willens notwendige »Sie« wird von den verschiedenen Verfechtern der Multitude vernachlässigt, weil sie glauben, die Multitude sei mit einer natürlichen Einigkeit gesegnet und habe politische Artikulation nicht nötig. Virno zufolge zum Beispiel haben die Singularitäten, aus denen sich die Multitude zusammensetzt, von vornherein etwas gemeinsam: den allgemeinen Intellekt. Seine (von Hardt und Negri geteilte) Kritik an der Vorstellung, das »Volk« sei homogen und finde seinen Ausdruck in einem einheitlichen allgemeinen Willen, der keinen Raum für Vielfalt lasse, ist völlig unangemessen, wenn sie sich gegen die Konstruktion des »Volkes« durch eine Äquivalenzkette richtet. Denn in diesem Fall haben wir es mit einer Form der Einigkeit zu tun, die Vielfalt respektiert und Differenzen nicht beseitigt. Eine Äquivalenzbeziehung leugnet Differenzen nicht – das liefe auf eine schlichte Gleichsetzung hinaus. Nur insofern, als demokratische Differenzen in Opposition zu Kräften oder Diskursen stehen, die sie allesamt negieren, sind diese Differenzen untereinander substituierbar. Daher erfordert die Konstruktion eines kollektiven Willens die Bestimmung eines Kontrahenten.

Diesen Kontrahenten kann man nicht mit einem so allgemeinen Begriff wie »Empire« oder auch »Kapitalismus« fassen. Um die Voraussetzungen für eine neue Hegemonie zu schaffen, geht es vielmehr darum, Brennpunkte der Macht ins Visier zu nehmen und umzugestalten. Das ist ein »Stellungskrieg« (Gramsci), den es an einer Vielzahl von Fronten gleichzeitig zu eröffnen gilt, und das macht es erforderlich, Synergien zwischen einer Vielzahl von Akteuren zu nutzen: soziale Bewegungen, Parteien und Gewerkschaften. Das Ziel ist nicht die »Austrocknung« des Staates oder der Vielzahl an Institutionen, in denen sich der Pluralismus manifestiert. Vielmehr müssen wir durch eine Kombination parlamentarischer und außerparlamentarischer Bemühungen eine tiefgreifende Veränderung dieser Institutionen herbeiführen und sie zu einem Vehikel für die Artikulation der mannigfaltigen demokratischen Forderungen machen, die das Prinzip der Gleichheit auf so viele soziale Beziehungen ausdehnen würde wie möglich. Das ist die Vorstellung von radikaler Politik, die dem hegemonialen Ansatz zu eigen ist, und ein solches Projekt bedarf der agonistischen Auseinandersetzung mit den Institutionen.

Die bedeutenden demokratischen Fortschritte, die progressive Regierungen in Südamerika im Lauf der vergangenen Jahre gemacht haben, zeugen davon, dass es möglich ist, durch repräsentative Formen der Politik tiefgreifende institutionelle Veränderungen zu erreichen. In Venezuela, Bolivien, Ecuador, Argentinien und Brasilien haben es linksgerichtete Regierungen geschafft, den neoliberalen Kräften Paroli zu bieten und eine Reihe von Reformen durchzusetzen, die die Lebensbedingungen der Unterschicht erheblich verbessert haben. Möglich wurde das durch die Zusammenarbeit des Staates mit einer Vielzahl sozialer Bewegungen. Wie diese Erfahrungen beweisen, stehen der Staat und repräsentative Institutionen – entgegen den Behauptungen der Vertreter der Exodus-Theorie – dem sozialen Wandel nicht im Wege, sondern können entscheidend zu diesem beitragen.

Besonders interessant ist in diesem Zusammenhang der Fall Argentinien. In der Exodus-Literatur werden nicht selten die Piqueteros gefeiert, eine Bewegung verarmter, zumeist arbeitsloser Arbeiter, die Ende der neunziger Jahre aus Protest gegen die liberale Politik von Präsident Carlos Menem Straßensperren organisierten. Während der Wirtschaftskrise von 2001/02 schlossen sie sich zu Genossenschaften zusammen und spielten eine aktive Rolle im Rahmen der Massendemonstrationen, die 2001 die Regierung de la Rua zu Fall brachten.

Mit ihrem Motto »Que se vayan todos« (Weg mit ihnen allen) machten sie ihre Ablehnung aller Politiker deutlich und forderten die Angehörigen der Unterschicht auf, sich selbst zu organisieren. Postoperaistische Theoretiker sehen in den Piqueteros ein Paradebeispiel für das politische Inerscheinungtreten der Multitude und stellen ihre Weigerung, mit politischen Parteien zusammenzuarbeiten, als modellhaft für die Strategie der Desertion dar. Damit verkennen sie, dass die Bewegung der Piqueteros gerade die Grenzen einer solchen Strategie aufzeigt. Ja, sie trug zum Sturz eines Präsidenten bei. Als es jedoch an der Zeit war, eine Alternative anzubieten, konnten sie aufgrund ihrer Weigerung, an den Wahlen teilzunehmen, den weiteren Fortgang der Ereignisse nicht mehr beeinflussen. Hätte Nestor Kirchner die Wahlen nicht gewonnen und fortschrittliche Maßnahmen ergriffen, um der argentinischen Wirtschaft wieder auf die Beine zu helfen und die Lebensbedingungen der Armen zu verbessern, so hätte das Ergebnis der Massenproteste auch ganz anders aussehen können.

Die demokratischen Fortschritte, die Argentinien unter Nestor Kirchner und Cristina Fernandez de Kirchner machte, wurden möglich durch die Synergien, die zwischen der Regierung und einer Reihe von sozialen Bewegungen (darunter einige Piquetero-Gruppen, die

Kirchners Angebot annahmen und mit ihm zusammenarbeiteten) hergestellt wurden, um die sozialen und sozioökonomischen Probleme des Landes in Angriff zu nehmen. Der Fall Argentinien ist kein Beispiel für die erfolgreiche Umsetzung der Strategie der Desertion, er zeigt vielmehr die Mängel einer solchen Strategie auf. Er macht deutlich, wie wichtig es ist, parlamentarische und außerparlamentarische Bemühungen zu bündeln und so in einem gemeinsamen Kampf die Machtkonfiguration innerhalb des institutionellen Rahmens zu verändern.

Bei allem Verständnis für neuere Formen des Protests wie etwa die Indignados in Spanien oder die verschiedenen Occupy-Gruppen gibt es daher gute Gründe, sich Sorgen über die vom Exodus-Modell inspirierte anti-institutionelle Strategie dieser Bewegungen zu machen. Natürlich gibt es zwischen den einzelnen Bewegungen große Unterschiede, und nicht alle sind von den Vertretern der Exodus-Theorie beeinflusst, aber viele von ihnen teilen deren kategorische Ablehnung der repräsentativen Demokratie. Außerdem glauben sie an die Fähigkeit sozialer Bewegungen, aus sich heraus einen neuen Gesellschaftstyp hervorzubringen, in dem es »echte« Demokratie gibt, ohne dass es eines Staates oder anderer Formen von politischen Institutionen bedürfte. Ohne die Rückendeckung von Institutionen werden sie jedoch nicht in der Lage sein, die Machtstrukturen entscheidend zu verändern. Damit laufen sie Gefahr, dass ihr Protest gegen die neoliberale Ordnung schon bald in Vergessenheit geraten wird.

Immanentismus contra radikale Negativität

Nach dieser Gegenüberstellung der politischen Strategien der beiden Ansätze »Rückzug aus« und »Auseinandersetzung mit« möchte ich nun ihre jeweiligen philosophischen Postulate untersuchen. Meine These lautet, dass die vom Exodus-Ansatz propagierte radikale Politik auf einem defizitären Verständnis von Politik beruht, das »das Politische« und dessen unauslöschliche Dimension des Antagonismus nicht zur Kenntnis nimmt. Die von Hardt und Negri befürwortete Strategie basiert auf einer Ontologie der Immanenz, deren primäres ontologisches Terrain das der Vielgestaltigkeit ist.

Das Problem an dieser immanentistischen Ontologie ist ihre Unfähigkeit, radikale Negativität, sprich: Antagonismen abzubilden. Zugegebenermaßen kommt Negativität in den Arbeiten dieser Theoretiker durchaus vor, ja sie verwenden sogar den Begriff »Antagonismus«, doch geht es bei dieser Negation nicht um radikale Negativität. Sie wird entweder als dialektischer oder schlicht als realer Gegensatz verstanden. Tatsächlich handelt es sich bei der Exodus-Strategie um die Neuformulierung der Idee des Kommunismus, wie man sie bei Marx antrifft, unter Rückgriff auf einen anderen Wortschatz, und zwischen den Ansichten der Postoperaisten und herkömmlichen marxistischen Ansätzen gibt es eindeutige Parallelen. Zwar ist das privilegierte politische Subjekt im Falle der Postoperaisten nicht mehr das Proletariat, sondern die Multitude, doch in beiden Fällen wird der Staat als monolithischer Herrschaftsapparat angesehen, den man nicht grundlegend verändern kann. Um Platz für eine mit sich versöhnte Gesellschaft jenseits von Gesetzen, Macht und Souveränität zu schaffen, muss dieser »ausgetrocknet« werden. Tatsächlich setzt absolute Demokratie die Möglichkeit eines erlösenden Sprungs in eine Gesellschaft jenseits von Politik und Souveränität voraus, in der die Multitude sich umgehend selbst regieren und konzertiert handeln kann, ohne dass es irgendwelcher Gesetze oder eines Staates bedürfte – einen Sprung in eine Gesellschaft, in der es keine Antagonismen mehr gibt.

Wenn unser Ansatz mit dem Etikett »postmarxistisch« versehen wurde, dann eben deshalb, weil wir eine Ontologie, wie sie einer solchen Vorstellung zugrunde liegt, infrage gestellt haben. Wie ich und Ernesto Laclau in *Hegemonie und radikale Demokratie* aufgezeigt haben, bedarf es eines anderen ontologischen Ansatzes, um sich Negation im Sinne des Antagonismus vorzustellen.[4] Es ist unmöglich, der radikalen Negativität Raum zu geben, ohne sich von der immanentistischen Vorstellung eines homogenen, gesättigten gesellschaftlichen Raums zu verabschieden und die Rolle der Heterogenität anzuerkennen. Tatsächlich gehören, wie Laclau dargelegt hat, die beiden Pole des Antagonismus nicht demselben Repräsentationsraum an und sind in Bezug zueinander von Grund auf heterogen. Es ist diese nicht reduzierbare Heterogenität, aus der sie hervorgehen.[5]

Deshalb findet Politik stets in einem Feld statt, das kreuz und quer von Antagonismen durchzogen ist. Stellt man sie sich als ein »konzertiertes Handeln« vor, so bewirkt das die Tilgung der ontologischen Dimension des Antagonismus, die ich als »das Politische« bezeichne, eine Dimension, die die quasitranszendentale Vorbedingung ihrer Existenz darstellt. Die Auseinandersetzung zwischen miteinander im Widerspruch stehenden hegemonialen Projekten, die darauf abzielen, ihre jeweilige Sichtweise des Gemeinwohls als die »wahre« Inkarnation des Universellen darzustellen, wird niemals enden. Für diesen Konflikt wird es niemals eine rationale Lösung geben. Was die politische Kritik betrifft, so kann sie nie aus reiner Opposition bestehen oder als Desertion gefasst werden, weil sie sich immer mit einem bestimmten Aspekt der aktuellen Hegemonie auseinandersetzt, um ihre konstitutiven Bestandteile zu desartikulieren beziehungsweise zu reartikulieren.

Das Ziel einer gegenhegemonialen Intervention, so möchte ich betonen, besteht nicht darin, die »eigentliche Wirklichkeit« oder die »wahren Interessen« aufzudecken, sondern darin, eine gegebene Situation in neuer Gestalt zu reartikulieren. Betrachtet man den Prozess der Kritik aus dieser Perspektive, so zeigt sich, dass der Kritik entgegen den Beteuerungen von Bruno Latour die Puste nicht ausgegangen ist. Latour gesteht der Kritik zwar zu, bei der Entlarvung von Vorurteilen und Illusionen gute Arbeit geleistet zu haben; nun jedoch sei sie aufgrund ihrer Voraussetzung einer scharfen Trennung zwischen Natur und Kultur und ihrer Annahme, hinter dem Schleier der Erscheinungen verberge sich die »wahre Welt«, endgültig an ihre Grenzen gestoßen. Heutzutage sei der Glaube an die Existenz einer solchen Welt diskreditiert und es sei an der Zeit, sich eine Alternative zu überlegen. Sein Projekt beschreibt er mithilfe einer Frage: »Ist es wirklich möglich, das Kritikbedürfnis im Ethos eines Menschen, der den Tatsachen die Realität *hinzufügt*, grundlegend zu verändern, ohne die Realität *abzuziehen*?«[6] Eine solche Alternative legt Latour unter der Bezeichnung »Kompositionismus« vor. Um die Zweiteilung zwischen Natur, Objektivität und Realität auf der einen und Kultur, Subjektivität und Erscheinungen auf der anderen Seite zu überwinden, schlägt er vor, die gemeinsame Welt zu »komponieren«. Indem er seinen Ansatz der Kritik und deren Glauben an eine Welt jenseits dieser Welt gegenüberstellt, erklärt er, für den Kompositionismus gebe es keine Welt jenseits von dieser. Alles drehe sich darin um die *Immanenz*.[7] Den Kompositionisten zufolge sollte man mit anderen Worten den Gegensatz zwischen dem, was konstruiert, und dem, was nicht konstruiert ist, über Bord werfen und stattdessen die Frage stellen, ob etwas gut oder schlecht konstruiert ist.

Ich bin mit Latour darin einig, dass wir die traditionelle modernistische Epistemologie, die eine radikale Trennung zwischen menschlichen Subjekten und nichtmenschlichen Objekten postuliert, infrage stellen sollten. In mehreren Punkten überschneidet sich sein Konstruktivismus mit unserem diskursiven Ansatz. Natürlich gibt es viele Unterschiede, die darauf zurückgehen, dass unsere Forschungsfelder nicht derselben Natur sind, aber man könnte sagen, dass wir im Wesentlichen demselben epistemologischen Lager angehören, das die Trennung zwischen Kultur und Natur ebenso ablehnt wie die These von der Existenz einer Welt der Tatsachen, die unabhängig von dem ist, was Latour »Anliegen« nennt.

Wenn es allerdings um die Frage des Politischen geht,

so zeigen sich wichtige Unterschiede. Welcher Art diese Unterschiede sind, kann man wohl am besten mit dem Hinweis erklären, dass Latour davon spricht, die gemeinsame Welt müsse »komponiert« werden, wohingegen Laclau und ich sagen, dass sie »artikuliert« werden muss. Dieser terminologische Unterschied soll ein Schlaglicht auf die Tatsache werfen, dass der Prozess der Komposition immer auf einem von Machtverhältnissen bestimmten Terrain stattfindet – oder, um es mit unseren Begriffen zu sagen, dass die gemeinsame Welt stets das Ergebnis einer »hegemonialen« Konstruktion ist. Daher genügt es unserer Auffassung nach nicht, zu fragen, ob diese Welt gut oder schlecht konstruiert sei. Man muss auch die Machtverhältnisse analysieren, die im Zuge der Komposition mit im Spiel sind. »Was komponiert werden muss«, schreibt Latour, »kann jederzeit auch wieder *de*komponiert werden.«[8] In der Tat. Wir beschreiben das als den Prozess der Desartikulation bzw. Reartikulation, ein Prozess, der für den gegenhegemonialen Kampf konstitutiv ist. Doch dieser Prozess ist höchst politischer Natur und er findet nicht auf einem neutralen Terrain statt, auf dem die Beobachter unvoreingenommen entscheiden könnten, ob etwas »gut« oder »schlecht« komponiert ist. Bei der hegemonialen Artikulation des Gemeinsamen geht es um miteinander im Widerspruch stehende Interessen, und deshalb ist bei jedem Versuch der Desartikulation (bzw. der *De*komposition) ein Element der Kritik im Spiel. Latours Versuch, die kritische Dimension auszuschalten, weil diese auf einer unzureichenden Epistemologie beruhe, und das Kritikbedürfnis in Richtung des Kompositionismus umzulenken, schwächt meiner Ansicht nach die politische Handlungsfähigkeit, weil es uns die Chance nimmt, die Machtverhältnisse aufzudecken und infrage zu stellen.

Ich glaube, im Hinblick auf die Politik liegt der Unterschied zwischen unserem diskursiven hegemonialen Ansatz und Latours Kompositionismus in unseren unterschiedlichen Ontologien begründet. Das hat mit der Unfähigkeit des immanentistischen Ansatzes zu tun, radikale Negativität und die Unauslöschlichkeit des Antagonismus zur Kenntnis zu nehmen. Wie bei den Vertretern der Exodus-Theorie, wenn auch im Kontext ganz anderer politischer Strategien, liegt das Problem von Latours Kompositionismus darin, dass er sich auf eine Ontologie stützt, die unfähig ist, die Spaltung des Sozialen abzubilden. Hardt und Negri führt das zum Glauben an die Möglichkeit einer »absoluten Demokratie«, die erlangt werde, sobald die Multitude das Empire gestürzt hat. Latour liegt ein derartiger Messianismus völlig fern, und seine Politik gibt sich nicht den Anstrich von Radikalität. Und doch ist auch sein Kompositionismus unfähig, die hegemoniale Natur jeglicher sozialen Ordnung zur Kenntnis zu nehmen.

Eine andere Chance, die sich beide Ansätze ebenfalls von vornherein nehmen, ist die, einen »Stellungskrieg« ins Auge zu fassen, der auf eine völlige Umwälzung der vorherrschenden Machtverhältnisse abzielt. Ihre mangelnde Einsicht in die hegemoniale Natur sozioökonomischer Ordnungen hindert Hardt und Negri daran, die Möglichkeit zu erwägen, diese durch einen inneren Prozess der Reartikulation umzugestalten. Latour wiederum strebt zu Recht eine Umwandlung von Tatsachen in Anliegen an und singt ein Loblied auf Debatten und Kontroversen. Doch seine politische Haltung ähnelt jenem »Agonismus ohne Antagonismus«, dessen Mängel ich im ersten Kapitel dargelegt habe, denn auch bei ihm fehlt es an Aufmerksamkeit für die antagonistische Dimension des Politischen.

Kommunismus oder radikale Demokratie?

Angesichts der Vehemenz, mit der ich darauf poche, die radikale Negativität zur Kenntnis zu nehmen und sich von der Idee einer Gesellschaft jenseits von Spaltung und Macht zu verabschieden, ist es sicherlich keine Überraschung, dass ich dem Versuch einer Gruppe linker Intellektueller, der »Idee des Kommunismus« neues Leben einzuhauchen, ablehnend gegenüberstehe.[9] Diese Gruppe vertritt die Auffassung, die »kommunistische Hypothese« sei für die Entwicklung einer emanzipatorischen Politik absolut unabdingbar. Das egalitäre Ideal sei so stark mit dem kommunistischen Denkhorizont verflochten, dass seine Zukunft von der Wiederbelebung eines solchen Modells abhänge.

Die weitverbreitete Ansicht, das katastrophale Scheitern des sowjetischen Modells zwinge uns, das emanzipatorische Projekt in Gänze zu verwerfen, stellen diese Intellektuellen zweifellos zu Recht infrage. Ich glaube jedoch, dass es aus der tragischen Erfahrung des »real existierenden Sozialismus« wichtige Lehren zu ziehen gilt, und das macht es notwendig, einige zentrale Grundsätze des kommunistischen Projekts ernsthaft zu überdenken.

Mit der schlichten Erklärung, das sowjetische Modell

sei die fehlerhafte Umsetzung eines Ideals, dessen eigentliche Verwirklichung noch ausstehe, macht man es sich definitiv zu leicht. Ja, viele Gründe, aus denen das kommunistische Ideal auf Abwege geriet, ließen sich vermeiden, und die derzeitige Lage könnte sich als günstigeres Terrain erweisen. Aber einige der Probleme, die sich in der Praxis zeigten, lassen sich nicht einfach auf eine Frage der Umsetzung reduzieren. Sie haben damit zu tun, wie dieses Ideal theoretisch gefasst wurde. Will man den Idealen treu bleiben, von denen die verschiedenen kommunistischen Bewegungen inspiriert sind, so muss man untersuchen, welches Ziel sie sich gesteckt haben. Erst dann kann man verstehen, warum diese Ideale auf derart katastrophale Abwege geraten konnten.

Was es zu problematisieren gilt ist die Vorstellung des »Kommunismus« an sich, weil damit fälschlicherweise die antipolitische Vision einer Gesellschaft konnotiert ist, in der Antagonismen eliminiert worden und Gesetze, der Staat und andere regulierende Institutionen irrelevant geworden sind. Der größte Makel des marxistischen Ansatzes liegt in seiner Unfähigkeit, die zentrale Rolle dessen zur Kenntnis zu nehmen, was ich »das Politische« nenne. Während der traditionelle Marxismus behauptete, dass der Kommunismus und das Austrocknen des Staates sich gegenseitig logisch bedingen, sagen Laclau und ich, dass man sich das emanzipatorische Projekt heute nicht mehr als die Beseitigung von Herrschaftsstrukturen und die Regelung der gemeinsamen Angelegenheiten durch gesellschaftliche Akteure vorstellen kann, die mit dem Standpunkt der gesellschaftlichen Totalität gleichgesetzt werden. Antagonismen,

Auseinandersetzungen und Uneinigkeit wird es in der Gesellschaft immer geben, und die Notwendigkeit von Institutionen, die sich mit ihnen befassen, wird niemals verschwinden.

Durch die Verortung des Sozialismus innerhalb des weiteren Felds der demokratischen Revolution haben wir in *Hegemonie und radikale Demokratie* darauf hingewiesen, dass die politischen Umwälzungen, die uns letzten Endes die Überwindung der kapitalistischen Gesellschaft ermöglichen werden, auf der Pluralität der gesellschaftlichen Akteure und ihrer Kämpfe beruhen. Dadurch wird das gesellschaftliche Konfliktfeld nicht auf einen »privilegierten Akteur« wie die Arbeiterklasse eingeengt, sondern erweitert.

Aus diesem Grund haben wir das emanzipatorische Projekt im Sinne einer Radikalisierung der Demokratie neu formuliert. Wir haben betont, dass die Ausweitung und Radikalisierung demokratischer Auseinandersetzungen niemals an einem Endpunkt ankommen wird, an dem eine völlig befreite Gesellschaft stünde. Daher gilt es sich vom Mythos des Kommunismus als transparenter und versöhnter Gesellschaft – der eindeutig das Ende der Politik einschließt – zu verabschieden.

Anmerkungen

1 Michael Hardt/Antonio Negri, *Empire. Die neue Weltordnung*, Frankfurt am Main u. a.: Campus 2002 [2000], dies., *Multitude. Krieg und Demokratie im Empire*, Frankfurt am Main u. a.:

Campus 2004; dies., *Common Wealth. Das Ende des Eigentums*, Frankfurt am Main u. a.: Campus 2010 [2009].

2 Paolo Virno, *Grammatik der Multitude. Untersuchungen zu gegenwärtigen Lebensformen*, Wien: Turia + Kant 2005 [2003].

3 Luc Boltanski/Ève Chiapello, *Der neue Geist des Kapitalismus*, Konstanz: UVK 2003 [1999].

4 Ernesto Laclau/Chantal Mouffe, *Hegemonie und radikale Demokratie. Zur Dekonstruktion des Marxismus*, Wien: Passagen Verlag 1991 [1985].

5 Vgl. Ernesto Laclau, *On Populist Reason*, London/New York: Verso 2005, Kapitel 5.

6 Bruno Latour, »Why has critique run out of steam? From matters of fact to matters of concern«, in: *Critical Enquiry* 30/2 (2004), S. 232.

7 Bruno Latour, »An attempt at a ›Compositionist Manifesto‹«, in: *New Literary History* 41/3 (2010), S. 471-490, S. 475, online verfügbar unter: {http://bruno-latour.fr/sites/default/files/120-NLH-GB.pdf} (Stand Februar 2014).

8 Ebd., S. 474.

9 Costas Douzinas/Slavoj Žižek, *Die Idee des Kommunismus*, Hamburg: Laika 2012 [2010].

5. Agonistische Politik und künstlerische Praktiken

Der Kunst kommt in unseren Gesellschaften eine immer zentralere Position zu, aber kann sie heute noch eine kritische Funktion wahrnehmen? Im Spätkapitalismus, so wird häufig argumentiert, habe die Ästhetik in allen Bereichen triumphiert, und die Folge dieses Triumphes sei die Entstehung einer hedonistischen Kultur, in der die Kunst keine Chance mehr habe, eine wirklich subversive Erfahrung zu vermitteln. Das Verwischen der Grenze zwischen Kunst und Werbung ist dergestalt, dass die Idee eines kritischen öffentlichen Raumes an sich ihre Bedeutung verloren hat. Aufgrund der allumfassenden Macht des Marktes ist die Unterscheidung zwischen öffentlich und privat nicht mehr relevant, denn selbst das Öffentliche ist privatisiert worden. Jede kritische Geste wird von den Kräften des Konzernkapitalismus rasch rekuperiert und damit neutralisiert.

Natürlich ist diese Situation nichts wirklich Neues. Mit der Entwicklung der Kulturindustrie haben sich schon Horkheimer und Adorno beschäftigt, die mit ihr den Moment gekommen sahen, in dem es dem fordistischen Produktionsmodus schließlich gelang, in den Bereich der Kultur vorzudringen. Horkheimer und Adorno sahen in dieser Evolution eine weitere Stufe des Prozesses der Kommodifizierung und der Unterwerfung der Gesellschaft unter die Anforderungen der kapitalistischen Produktion.

Allerdings glaubte Adorno noch, dass die Kunst einen Raum für Autonomie schaffen kann. Ebendiese

Möglichkeit, behaupten manche, sei verschwunden, und damit seien heute die schlimmsten Albträume von Horkheimer und Adorno Realität geworden. Die Kunst sei unter der Ästhetik des biopolitischen Kapitalismus subsumiert worden, eine autonome Produktion nicht mehr möglich. Das oberste Ziel des Kapitalismus sei nunmehr die Produktion von Symbolen, und durch den Aufbau einer Kultur- und Kreativwirtschaft seien die Individuen vollständig der Macht des Kapitals unterworfen. Nicht nur die Konsumenten, auch die Kulturproduzenten seien Gefangene einer von den Medien- und Unterhaltungskonzernen dominierten Kulturindustrie. Wir alle seien in passive Funktionen des kapitalistischen Systems verwandelt worden.

Zum Glück wird diese pessimistische Diagnose nicht von allen geteilt. So sind einige postoperaistische Theoretiker der Auffassung, da sie auf dem fordistischen Modell beruhe, sei die Analyse von Adorno und Horkheimer kein brauchbarer Leitfaden für die Untersuchung der neuen Produktionsformen, die im postfordistischen Modus der kapitalistischen Regulierung eine dominierende Stellung erlangt haben. Diese neuen Produktionsformen ermöglichen ihrer Meinung nach neue Formen des Widerstands, und deshalb glauben sie an die Möglichkeit einer Wiederbelebung des emanzipatorischen Projekts, zu der künstlerische Praktiken einen entscheidenden Beitrag leisten könnten.

Paolo Virno zum Beispiel zeichnet ein ganz anderes Bild als Horkheimer und Adorno. In *Grammatik der Multitude* schreibt er, die Kulturwirtschaft habe im Rahmen des Übergangs vom Fordismus zum Postfordismus eine wichtige Rolle gespielt.[1] Seiner Ansicht nach stellt sie die »Matrix des Postfordismus« dar. Mit der Herausbildung der immateriellen Arbeit im hochentwickelten Kapitalismus sei der Arbeitsprozess performativ geworden und mobilisiere die universellsten Eigenschaften der Spezies: Wahrnehmung, Sprache, Gedächtnis und Gefühle. Die zeitgenössische Produktion sei »virtuos« und die produktive Arbeit mache sich in ihrer Totalität die besonderen Merkmale des darstellenden Künstlers zu eigen. Wir sind Zeugen eines Prozesses, in dem sich die Sphären der Arbeit, des politischen Handelns und der intellektuellen Reflexion, die vormals getrennt waren, weil sie auf völlig unterschiedlichen Prinzipien und Kriterien beruhten, miteinander vermischen. Heute haben sich die Grenzen zwischen rein intellektueller Aktivität, politischem Handeln und Arbeit aufgelöst, und die postfordistische Arbeit hat viele Charakteristika des politischen Handelns absorbiert.

Diese Veränderungen machen den Weg für neue Formen von sozialen Beziehungen frei, in denen Kunst und Arbeit in neuen Konfigurationen existieren. Das Ziel künstlerischer Praktiken sollte es sein, die Ausprägung dieser neuen sozialen Beziehungen, die durch die Transformation des Arbeitsprozesses ermöglicht werden, zu unterstützen. Ihre Hauptaufgabe ist die Produktion neuer Subjektivitäten und die Ausarbeitung neuer Welten. Was in der aktuellen Lage nottut, ist eine Erweiterung des Feldes der künstlerischen Intervention, indem Künstler in einer Vielzahl gesellschaftlicher Räume jenseits traditioneller Institutionen daran arbeiten, das Programm des Kapitalismus, der auf die totale gesellschaftliche Mobilisierung hinausläuft, zu unterminieren.

Aus einer anderen Perspektive verweist auch André Gorz auf die mit den neuen Produktionsformen verbundenen Möglichkeiten:

> »Wenn die Selbstausbeutung im Verwertungsprozess eine zentrale Rolle einnimmt, wird die Produktion von Subjektivität zum Austragungsort des zentralen Konflikts [...]. [...] [S]oziale Beziehungen, die sich der Logik des Nutzens, des kompetitiven Individualismus und der Marktwirtschaft entziehen, lassen Letztere im Gegensatz dazu in ihrer politischen Dimension als verlängerter Arm der Macht des Kapitals erscheinen. Das ermöglicht eine Front des totalen Widerstands gegen diese Macht, eines Widerstands, der notwendigerweise den Bereich der Wissensproduktion überschwemmt, mit dem Ziel neuer Praktiken des Lebens, des Konsums und der kollektiven Aneignung gemeinsamer Räume und der Alltagskultur.«[2]

Auch ich glaube, dass das Terrain der Produktion von Subjektivität von strategischer Bedeutung ist. Ich stimme mit Brian Holmes darin überein, dass »Kunst für die Gesellschaft eine Chance« sein kann, »kollektiv über die imaginierten Figuren nachzudenken, von denen ihre gesamte Kohärenz, ihr Selbstverständnis abhängt«[3]. Ich bin überzeugt, dass künstlerische und kulturelle Praktiken Räume des Widerstands schaffen können, die das gesellschaftliche Imaginäre untergraben, das für die Reproduktion des Kapitalismus notwendig ist. Ich bin jedoch der Auffassung: Wenn wir ihr politisches Potenzial verstehen wollen, sollten wir Formen des künstlerischen Widerstands als agonistische Interventionen im Kontext des gegenhegemonialen Kampfes betrachten.

Um den Übergang vom Fordismus zum Postfordismus adäquat zu erfassen, so meine Argumentation im vierten Kapitel, ist es erforderlich, sich seine hegemoniale Dimension vor Augen zu führen. Dazu habe ich vorgeschlagen, auf Erkenntnisse zurückzugreifen, die Luc Boltanski und Ève Chiapello in ihrem Buch *Der neue Geist des Kapitalismus* darlegen.[4] Darin betonen sie die Rolle der »Künstlerkritik« für die Veränderungen, die der Kapitalismus in den letzten Jahrzehnten des 20. Jahrhunderts durchlaufen hat. Sie zeigen, wie die ästhetischen Strategien der Gegenkultur – die Suche nach Authentizität, das Ideal des Selbstmanagements, der antihierarchische Impetus und die von den sozialen Bewegungen der sechziger Jahre erhobenen Forderungen nach Autonomie – für den Aufbau der postfordistischen, vernetzten Wirtschaft eingespannt wurden, um die Bedingungen zu schaffen, derer die derzeitige Form der kapitalistischen Regulierung bedarf. Durch »Neo-Management« war künstlerische Kritik zu einem wichtigen Element der kapitalistischen Produktivität geworden.

Auf den ersten Blick scheint diese Analyse die pessimistische Sicht eines Endes der kritischen Rolle der Kunst zu stützen. Doch indem sie es mir ermöglicht haben, den Übergang vom Fordismus zum Postfordismus aus hegemonialer Perspektive zu betrachten, haben Boltanski und Chiapello das Grundgerüst für die Argumentation geliefert, mit der ich in diesem Kapitel die Bedeutung künstlerischer und kultureller Praktiken für den gegenhegemonialen Kampf herausstreichen möchte. Betrachtet man die derzeitige Hegemonie des Neoliberalismus nämlich als eine »passive Revolution«, als Ergebnis einer Reihe von politischen Interventionen auf einem komplexen, von wirtschaftlichen, rechtlichen und ideologischen Kräften bestimmten Feld, so tritt ihr diskursiver Charakter zutage.

Eine solche Hegemonie ist das Ergebnis einer diskursiven Konstruktion, die auf ganz spezifische Weise eine Vielzahl unterschiedlichster Praktiken, Diskurse und Sprachspiele artikuliert. Wenn man sie als natürliche Folge des technologischen Fortschritts betrachten kann, dann deshalb, weil der politische Ursprung dieser kontingenten Praktiken durch einen Prozess der Sedimentation in Vergessenheit geraten ist; sie sind naturalisiert worden, und die von ihnen hervorgebrachten Identifikationsformen sind zu Identitäten kristallisiert, die als selbstverständlich empfunden werden. Deshalb erscheinen neoliberale Praktiken und Institutionen als Ergebnis natürlicher Prozesse, als Schicksal, das wir als »alternativlos« akzeptieren müssen.

Die Bedeutung der hegemonialen Perspektive auf künstlerische Praktiken und ihr Verhältnis zur Politik liegt in dem Schlaglicht, das sie auf die Tatsache wirft, dass die hegemoniale Konfrontation nicht auf die traditionellen politischen Institutionen beschränkt ist. Sie findet auch an der Vielzahl von Orten statt, an denen Hegemonie konstruiert wird, und verdeutlicht somit die zentrale politische Bedeutung dessen, was in der Regel als »Zivilgesellschaft« bezeichnet wird. Sie ist der Ort, an dem, wie Antonio Gramsci argumentiert hat, eine bestimmte Vorstellung von der Welt herausgebildet und eine spezifische Sichtweise der Realität definiert wird – das, was Gramsci als »Common Sense« bezeichnet: das Terrain, auf dem spezifische Formen der Subjektivität konstruiert werden. Darüber hinaus betonte Gramsci wiederholt, wie wichtig kulturelle und künstlerische Praktiken für die Herausbildung und Verbreitung des »Common Sense« seien, und unterstrich damit die entscheidende Rolle, die diesen Praktiken im Hinblick auf die Reproduktion oder Disartikulation einer bestehenden Hegemonie zukommt. Wenn er das Ergebnis einer diskursiven Artikulation ist, so kann man den »Common Sense« durch gegenhegemoniale Interventionen verändern, und dabei können kulturelle und künstlerische Praktiken eine Schlüsselrolle spielen.

Indem sie die Funktion kultureller Praktiken für die kapitalistische Produktivität betonen, bekräftigen die Analysen von Boltanski und Chiapello auch, dass diese Funktion in Zeiten der postfordistischen Produktion entscheidende Bedeutung erlangt hat. Der Kapitalismus unserer Tage bedient sich zunehmend semiotischer Methoden, um die für seine Reproduktion notwendigen Modi der Subjektivierung hervorzubringen. Im Rahmen der modernen Produktion spielt die von Foucault beschriebene Regierung der Seelen eine strategische Rolle bei der Steuerung von Affekten und Leidenschaften. Die Formen der Ausbeutung, von denen Zeiten geprägt waren, in denen die körperliche Arbeit überwog, sind durch neue abgelöst worden, die die permanente Erzeugung neuer Bedürfnisse und den unablässigen Wunsch voraussetzen, neue Waren zu erwerben. Das erklärt, weshalb die Werbung in unserer Konsumgesellschaft so eine wichtige Rolle spielt.

Diese Rolle beschränkt sich jedoch nicht auf das Bewerben bestimmter Produkte, sie erzeugt auch Phantasiewelten, mit denen sich die Konsumenten dieser

Produkte identifizieren können. Etwas zu kaufen bedeutet heutzutage, in eine spezifische Welt einzutauchen und Teil einer imaginären Gemeinschaft zu werden. Um seine Hegemonie aufrechtzuerhalten, muss das aktuelle kapitalistische System ständig die Wünsche der Menschen mobilisieren und ihre Identität formen. Worum es bei den Werbemethoden letztlich geht, ist die Konstruktion der Identität des Käufers.

Eine gegenhegemoniale Politik muss daher auf diesem Terrain aktiv werden, um andere Identifikationsformen voranzubringen. Die agonistische Produktion neuer Subjektivitäten war immer eines der Ziele des hegemonialen Kampfes, doch in der derzeitigen Phase des Kapitalismus ist dieses Feld fraglos wichtiger denn je.

Agonistische öffentliche Räume

Nimmt man die zentrale Bedeutung des kulturellen Terrains zur Kenntnis, so stellt sich die Frage: Welchen Beitrag können kulturelle und künstlerische Praktiken zu dem gegenhegemonialen Projekt leisten, bei dem es darum geht, die neoliberale Hegemonie zu hinterfragen?

Bevor ich mich dieses Problems annehme, möchte ich klarstellen, dass ich Kunst und Politik nicht als zwei voneinander unabhängig konstituierte Bereiche betrachte, mit der Kunst auf der einen und der Politik auf der anderen Seite, die zueinander in Beziehung gesetzt werden müssten. Das Politische hat eine ästhetische Dimension und die Kunst eine politische. Aus Sicht der Hegemonietheorie tragen künstlerische Praktiken zur

Konstituierung und Aufrechterhaltung oder zur Infragestellung einer gegebenen symbolischen Ordnung bei, und daher haben sie notwendigerweise eine politische Dimension. Das Politische seinerseits hat Einfluss auf die symbolische Ordnung sozialer Beziehungen, und darin liegt seine ästhetische Dimension. Daher halte ich es nicht für sinnvoll, zwischen politischer und unpolitischer Kunst zu unterscheiden.

Die entscheidende Frage betrifft vielmehr die denkbaren Formen von *kritischer* Kunst. Dem von mir vertretenen Ansatz zufolge erfordert das die Untersuchung der unterschiedlichen Wege, auf denen künstlerische Praktiken zur Destabilisierung der vorherrschenden Hegemonie beitragen können. Dazu muss man die Funktion kritischer künstlerischer Praktiken im öffentlichen Raum analysieren. Ich spreche hier nicht von einem einzigen Ort, sondern von einer Vielzahl diskursiver Plattformen und öffentlicher Räume. Zweitens gibt es für diese Vielzahl von Räumen zwar weder ein zugrundeliegendes verbindendes Prinzip noch ein vorbestimmtes Zentrum, aber stets mannigfaltige Artikulationsformen. Wir haben es weder mit einer Zersplitterung zu tun, wie einige postmoderne Denker sie beschrieben haben, noch mit einem »glatten« Raum im Sinne von Deleuze und seinen Anhängern. Öffentliche Räume sind stets gekerbt und hegemonial strukturiert. Eine gegebene Hegemonie beruht auf einer spezifischen Artikulation einer Vielzahl von Räumen, und das bedeutet, dass das Ringen um die Hegemonie auch in dem Versuch besteht, in den öffentlichen Räumen eine andere Artikulationsform zu etablieren.

Doch worin unterscheidet sich die agonistische Perspektive auf den öffentlichen Raum von anderen Ansätzen? Ihr wichtigstes Merkmal ist die Infragestellung der verbreiteten Sichtweise, die, wenn auch auf je unterschiedliche Weise, den meisten Vorstellungen vom öffentlichen Raum zugrunde liegt. Der vorherrschenden Sicht zufolge ist der öffentliche Raum das Terrain, auf dem man einen Konsens herzustellen sucht. Für den agonistischen Ansatz dagegen ist der öffentliche Raum der Ort, an dem konfligierende Sichtweisen aufeinandertreffen, ohne dass die geringste Chance bestünde, sie ein für alle Mal miteinander zu versöhnen. Diese Vorstellung unterscheidet sich unverkennbar sehr deutlich von der von Jürgen Habermas, dem zufolge die »öffentliche Sphäre« der Ort ist, an dem die auf einen rationalen Konsens abzielende Deliberation stattfindet.

Zwar gesteht Habermas mittlerweile zu, angesichts der Beschränkungen des gesellschaftlichen Lebens sei es unwahrscheinlich, dass ein solcher Konsens tatsächlich erreicht werde, und betrachtet seine »ideale Kommunikationssituation« als eine »regulative Idee«. Aus Sicht der Hegemonietheorie haben die Beschränkungen, der die habermassche ideale Sprechsituation unterliegt, jedoch nicht nur mit empirischen Hemmnissen zu tun; sie sind ontologischer Natur. Wie ich im ersten Kapitel dargelegt habe, ist es eine der Grundaussagen der Agonistik, dass der von Habermas postulierte rationale Konsens konzeptuell unmöglich ist, weil er die Realisierbarkeit eines Konsenses voraussetzt, der ohne Exklusion auskommt – und ebenjenen entlarvt der hegemoniale Ansatz als Ding der Unmöglichkeit.

Von welcher Vorstellung von öffentlichen Räumen man ausgeht, hat weitreichende Auswirkungen auf künstlerische und kulturelle Praktiken, denn jene, die sich für die Schaffung agonistischer öffentlicher Räume einsetzen, haben naturgemäß ein ganz anderes Verständnis von kritischer Kunst als jene, deren Ziel die Herstellung eines Konsenses ist. Aus Sicht des agonistischen Ansatzes wird kritische Kunst von einer Vielzahl künstlerischer Praktiken konstituiert, die ein Schlaglicht darauf werfen, dass es Alternativen zur gegenwärtigen postpolitischen Ordnung gibt. Ihre kritische Dimension besteht darin, sichtbar zu machen, was der vorherrschende Konsens oft verschleiert und überdeckt, und all jenen eine Stimme zu verleihen, die im Rahmen der bestehenden Hegemonie mundtot gemacht werden. Um Missverständnisse bezüglich des Kritikverständnisses des agonistischen Ansatzes zu vermeiden, muss eines jedoch klargestellt werden: Kritische künstlerische Praktiken haben dieser Sichtweise nach nicht zum Ziel, den Schleier eines vermeintlich falschen Bewusstseins zu lüften und die »eigentliche Wirklichkeit« zutage zu fördern. Dies stünde im diametralen Widerspruch zu den antiessentialistischen Prämissen der Hegemonietheorie, die die bloße Vorstellung eines »richtigen Bewusstseins« ablehnt. Wie ich bereits ausgeführt habe, werden spezifische Formen von Individualitäten stets durch die Einpassung in eine Vielzahl von Praktiken, Diskursen und Sprachspielen konstruiert. Daher kann die Veränderung politischer Identitäten niemals aus einem rationalistischen Appell an die wahren Interessen des Subjekts resultieren, sondern nur aus der Einbeziehung des gesellschaftlichen Akteurs in eine Reihe von Praktiken, die seine Affekte in einer Weise mobilisieren, die den Rahmen desartikulieren, innerhalb dessen der vorherrschende Prozess der Identifikation stattfindet. Oder, wie Yannis Stavrakakis es ausdrückt: »Die Kritik eines ideologischen Bedeutungssystems kann keine Wirkung entfalten, wenn sie sich auf die Ebene der reinen Dekonstruktion beschränkt; dazu bedarf es der Kartierung der Phantasien, die das System stützen, und der Einkreisung seiner symptomatischen Funktion.«[5] Um alternative Identitäten zu konstruieren, genügt es also nicht, einfach den Prozess der »De-Identifikation« zu fördern. Nötig ist ein zweiter Schritt. Legt man das Augenmerk ausschließlich auf den ersten Schritt, so bleibt man in einer Problematik gefangen, der zufolge das negative Moment für sich genommen ausreicht, um etwas Positives hervorzubringen – so als stünden die neuen Subjektivitäten schon vorher zu Verfügung und warteten nur darauf, hervorzutreten, sobald das Gewicht der vorherrschenden Ideologie nicht mehr auf ihnen lastet. Eine solche Sichtweise, die vielen Formen kritischer Kunst zugrunde liegt, wird dem Wesen des Kampfes um die Hegemonie und dem komplexen Prozess der Konstruktion von Identitäten nicht gerecht.

Die gegenhegemonialen Interventionen von Alfredo Jaar

Veranschaulichen möchte ich meine Argumentation an Alfredo Jaar, dessen Arbeit eines der besten Beispiele für einen ästhetischen Widerstand auf Grundlage der von mir verfochtenen hegemonialen Strategie darstellt. In seinem Schaffen finden wir ebenjene Vielzahl an Formen der künstlerischen Intervention, die ein hegemonialer Ansatz erfordert, sowie die Vielfalt an Orten, an denen diese stattfinden sollten.

Jaar definiert sich selbst als »Projektkünstler«, der auf ganz bestimmte Themen an ganz bestimmten Orten reagiert, und hat wiederholt betont, das Entscheidende seien für ihn Interventionen in verschiedenen Bereichen, nicht nur in der Welt der Kunst, sondern auch in öffentlichen Räumen und verschiedenen Bildungseinrichtungen.[6] Im Gegensatz zu jenen, die behaupten, wirkungsvolle Kritik sei nur außerhalb von Institutionen möglich, betrachtet Jaar Institutionen als ein wichtiges Feld der Auseinandersetzung. Indem er drei Arten von Aktivitäten miteinander kombiniert, kann er Interventionen an einer Vielzahl von Orten durchführen, an denen die vorherrschende Hegemonie begründet und reproduziert wird, und dadurch zur Entwicklung gegenhegemonialer Maßnahmen beitragen.

Zum hegemonialen Ansatz passen die künstlerischen Interventionen von Alfredo Jaar in mehrerer Hinsicht sehr gut. Zu ihrer Charakterisierung heißt es in der Regel, sie würden »Gegeninformationen« liefern (Georges Didi-Huberman) oder eine »Gegenumwelt« schaffen. In beiden Fällen wirft das Beispiel Jaar ein Schlaglicht auf das, was ich oben als Strategie der »Desartikulation« des vorherrschenden »Common Sense« und als Schaffung einer Vielzahl von agonistischen öffentlichen Räumen beschrieben habe, die zum Aufbau einer »Gegenhegemonie« beitragen.

Deutlich wird diese Strategie in »Fragen Fragen«, einer öffentlichen Intervention in Mailand im Herbst 2008, die Jaar als sein am stärksten von Gramsci inspiriertes Projekt ansieht. Als Reaktion auf die Kontrolle des öffentlichen Raumes in Italien durch das Medien- und Werbeimperium von Berlusconi beklebte er Linienbusse, Plakatwände, U- und Trambahnen mit Plakaten, die Fragen aufwarfen wie »Braucht die Politik die Kultur?« oder »Sind Intellektuelle nutzlos?«. Indem er drei Monate lang jeden verfügbaren Raum besetzte, wollte er »kleine Risse im System schaffen«, erklärte er, um ein Netz des Widerstands aufzubauen und dem öffentlichen Raum seine Bedeutung zurückzugeben, die ihm durch die Vereinnahmung durch Berlusconi genommen worden war.

Was diese Form der Intervention besonders interessant macht, ist die Art und Weise, wie sie den »Common Sense« destabilisiert, indem sie scheinbar simple Fragen stellt – Fragen, die allerdings im spezifischen Kontext der Intervention mit großer Wahrscheinlichkeit eine Reflexion auslösen, die Unzufriedenheit mit der derzeitigen Lage der Dinge hervorruft. Anders als einige Formen der kritischen Kunst, die überzeugt sind, die Menschen zum Handeln veranlassen zu können, indem sie ihnen Lektionen über den Zustand der Welt erteilen, und im Gegensatz zur derzeit beliebten Betonung von Grenzüberschreitung und Anprangerung als radikalste Formen des Widerstands, versucht Jaar die Menschen zum Handeln zu veranlassen, indem er in ihnen den Wunsch nach Veränderung weckt. Jaar vermeidet es, als Autorität aufzutreten, und zieht es vor, die Menschen zum Nachdenken oder Handeln zu veranlassen, indem er einen Prozess in Gang setzt, der sie ihre unbewussten Überzeugungen infrage stellen lässt. Die beste Strategie, Menschen zum Handeln zu veranlassen, besteht seiner Überzeugung nach darin, ein Bewusstsein für das zu wecken, was in ihrem Leben fehlt, und ihnen das Gefühl zu vermitteln, dass alles auch anders sein könnte.

Ein hervorragendes Beispiel dafür, inwiefern Kunst zur Entstehung eines Bedürfnisses beitragen kann – eines Bewusstseins, dass in unserem Leben etwas fehlt, das in uns den Wunsch nach Veränderung weckt –, ist Jaars Projekt für die Skoghall Konsthall im Jahr 2000. Als ihn die für ihre Papierindustrie bekannte schwedische Stadt Skoghall zur Schaffung eines Kunstwerks einlud, stellte Jaar fest, dass es dort kein Gebäude für Kunstausstellungen gab. Also machte er es sich zur Aufgabe, mit Unterstützung eines großen Papierherstellers eine Kunsthalle aus Papier zu bauen und Skoghall eine Heimstatt für die Kultur zu schenken. Einen Tag nach seiner Eröffnung mit einer Ausstellung von Werken junger schwedischer Künstler, beschloss Jaar, sollte das Gebäude niedergebrannt werden. Und genau so geschah es, obwohl eine Gruppe von Bürgern ihn bat, das Gebäude zu erhalten. Obwohl er über diese Reaktion sehr erfreut war, erklärte Jaar, er wolle der Stadtgemeinschaft keine Institution aufoktroyieren, für die sie nicht gekämpft habe.

Doch damit war die Geschichte nicht zu Ende. Dank dieser Intervention wurde einer wachsenden Zahl von Bürgern in Skoghall bewusst, dass in ihrer Stadt tatsächlich etwas fehlte. Sieben Jahre später wurde Jaar ein zweites Mal nach Skoghall eingeladen, um die erste dauerhafte Skoghall Konsthall zu entwerfen und zu bauen. Dieses Projekt ist in mehreren Hinsichten emblematisch. Es veranschaulicht nicht nur Jaars pädagogische Strategie, niemandem seine Vision aufzuzwingen und die Menschen dazu zu bringen, ihre eigenen Bedürfnisse zu artikulieren, sondern zeugt auch von seiner Fähigkeit, sich kritisch mit Institutionen auseinanderzusetzen.

Das bringt mich zu einem der aus meiner Sicht wichtigsten Merkmale von Jaars Ansatz: Seinem tiefgreifenden Verständnis dafür, welche Rolle Affekte bei Identifikationsprozessen spielen und welche Funktion leidenschaftlichen Vorlieben im Rahmen der Konstitution politischer Identitäten zukommt. Wenn künstlerischen Praktiken bei der Schaffung neuer Formen der Subjektivität eine maßgebliche Rolle spielen können, dann deshalb, weil sie durch den Rückgriff auf Ressourcen, die emotionale Reaktionen auslösen, Menschen auf der affektiven Ebene anzusprechen vermögen. Hierin liegt die große Kraft der Kunst – in ihrer Fähigkeit, uns Dinge in einem anderen Licht sehen und uns neue Möglichkeiten erkennen zu lassen.

Indem sie unsere Vorstellungskraft anregen und Emotionen wecken, versetzen uns Kunstwerke, wie John Dewey dargelegt hat, in die Lage, an neuen Erfahrungen teilzuhaben und Verbindungslinien zu ziehen, die sich von den gewohnten unterscheiden. Damit soll die kognitive Dimension von Kunst nicht geleugnet, sondern lediglich betont werden, dass es unsere Affekte sind, über die sie den Verstand erreicht. Alfredo Jaar ist sich dessen zutiefst bewusst, und er hat immer wieder auf Modi der Interpellation zurückgegriffen, die das Bewusstsein der Menschen verändern, indem sie ihre Gefühle ansprechen. Das Ziel seiner Interventionen besteht darin, mithilfe von ästhetischen Mitteln neue Identifikationsweisen hervorzubringen. Der Effekt der ästhetischen Erfahrung, so Jaar, sollte darin bestehen, uns »über unsere Sinne und über unseren Verstand« anzurühren.

Künstlerischer Aktivismus

Besonders nützlich ist der von mir vertretene agonistische Ansatz aus meiner Sicht, um den Beitrag zur Entwicklung einer radikalen Politik zu verstehen, den die verschiedenen Formen des künstlerischen Aktivismus leisten, die in jüngerer Zeit entstanden sind und die auf höchst mannigfaltige Weise darauf abzielen, den bestehenden Konsens zu hinterfragen. Diese künstlerisch-aktivistischen Praktiken sind sehr unterschiedlichen Charakters und aus sehr verschiedenen urbanen Bewegungen hervorgegangen, von »Reclaim the Streets« in Großbritannien über die »Tute Bianche« in Italien und »Stop Advertising«-Kampagnen in Frankreich bis hin zu »nikeground – rethinking space« in Österreich.[7]

Ein weiteres Beispiel ist die von den Yes Men eingesetzte Strategie der »Identitätskorrektur«. Indem sie in unterschiedliche Identitäten schlüpften – und sich zum Beispiel als Vertreter der Welthandelsorganisation (WTO) ausgaben –, haben diese Künstler eine sehr wirkungsvolle Satire auf die neoliberale Ideologie entwickelt.[8] Sie nehmen Institutionen ins Visier, die auf Kosten des Wohlergehens der Menschen den Neoliberalismus unterstützen. Zu diesem Zweck schlüpfen sie in die Identität dieser Institutionen und bieten ein Korrektiv an. Folgender Text erschien beispielsweise 1999 auf einer Parodiewebsite, die dem Internetauftritt der WTO nachempfunden war:

> »Die Welthandelsorganisation ist ein riesiger internationaler Bürokratieapparat, dessen Ziel darin besteht, Unternehmen Vorteile zu verschaffen, indem sie den ›Freihandel‹ durchsetzen, die Freiheit transnationaler Unternehmen, nach eigenem Gutdünken Geschäfte zu machen. Diese Freiheit stellt die WTO über alle anderen Freiheiten, einschließlich der Freiheit zu essen, Wasser zu trinken, bestimmte Dinge nicht zu essen, Kranke zu behandeln, die Umwelt zu schützen, die eigenen Feldfrüchte anzubauen, eine Gewerkschaft zu gründen, den Fortbestand sozialer Einrichtungen zu sichern, zu regieren oder eine eigene Außenpolitik zu verfolgen. All diese Freiheiten werden von gigantischen Konzernen bedroht, die unter dem Mantel des ›Freihandels‹ operieren, jenes geheimnisvollen Rechts, von dem man uns sagt, wir müssten es über alle anderen stellen.«[9]

Einige Leute haben diese Website mit der echten verwechselt, und den Yes Men ist es sogar gelungen, auf mehreren internationalen Konferenzen als Vertreter der WTO aufzutreten. In einem Fall stellten sie im Rahmen ihrer satirischen Intervention ein telematisches Instrument zur Überwachung von Arbeitskräften vor, das die Form eines einen Meter langen goldenen Phallus hatte.

Der politische Charakter solcher Formen des künstlerischen Aktivismus wird deutlicher, wenn wir sie als gegenhegemoniale Interventionen betrachten, deren Ziel darin besteht, am makellosen Image zu kratzen, das der Konzernkapitalismus von sich zu verbreiten sucht, und so dessen repressiven Charakter offenzulegen. Da sie künstlerische Formen in den Dienst des politischen Aktivismus stellen, repräsentieren diese »künstleraktivistischen« (engl. »artivist«) Praktiken eine wichtige Dimension radikaler Politik. Man kann sie als gegenhegemoniale Maßnahmen gegen die Vereinnahmung der Ästhetik durch den Kapitalismus und gegen dessen Ziel betrachten, den Verwertungsprozess zu sichern und auszudehnen.

Entgegen dem, was einige Künstleraktivisten zu glauben scheinen, bedeutet das jedoch nicht, dass künstleraktivistische Praktiken die für den Aufbau einer neuen Hegemonie notwendigen Veränderungen allein bewerkstelligen können. Wie Ernesto Laclau und ich in *Hegemonie und radikale Demokratie* argumentiert haben, erfordert radikale demokratische Politik die Artikulation verschiedener Ebenen der Auseinandersetzung, um eine Äquivalenzkette zwischen ihnen zu etablieren.[10] Der Glaube, künstlerischer Aktivismus könne alleine das Ende der neoliberalen Hegemonie herbeiführen, ist eine Illusion.

Museen und Institutionen

Ebenso wenig stimme ich mit der Sichtweise überein, »Künstleraktivismus« sei die einzig denkbare Form, in der kritische Kunst heute existieren könne. Daher widerspreche ich all jenen, die behaupten, traditionellere Formen von Kunst könnten nicht kritisch sein, weshalb Künstler traditionelle Kunstinstitutionen meiden sollten. Eine solche Haltung ist die auf das Feld der Kunst übertragene Ablehnung staatlicher Institutionen, wie sie jene Art von radikaler Kritik befürwortet, mit der ich mich im vierten Kapitel auseinandergesetzt habe. Dieser Kritik zufolge sollte politisches Handeln ausschließlich auf den Rückzug aus bestehenden Institutionen und die Aufgabe jeglicher Form von Zugehörigkeit ausgerichtet sein. Jegliche Angliederung an eine Institution gilt ihr als Hindernis auf dem Weg zu den neuen, nicht repräsentativen Formen der »absoluten Demokratie«, die für die Selbstorganisation der Multitude geeignet sind.

Der Exodus-Ansatz bestreitet, dass es innerhalb von Institutionen die Möglichkeit eines gegenhegemonialen Kampfes gibt, der die konstitutiven Bestandteile der neoliberalen Hegemonie desartikuliert. Er betrachtet sämtliche Institutionen als monolithische Vertreter der Kräfte, die es zu zerstören gilt, und tut jeden Versuch, sie zu verändern, als reformistische Illusion ab. Die befürwortete Strategie ist die der »Desertion« und des Aufbaus neuer sozialer Beziehungen außerhalb des bestehenden institutionellen Rahmens. Eine immanente Kritik der Institutionen, mit dem Ziel, sie in ein Terrain zu verwandeln, auf dem man die hegemoniale Ordnung angreifen kann, wird damit ausgeschlossen.

Für den künstlerischen und kulturellen Bereich impliziert ein solcher Ansatz, dass kritische künstlerische Praktiken nur dann Wirkung entfalten können, wenn sie außerhalb kultureller Institutionen stattfinden. Dieser Sichtweise zufolge zeugt beispielsweise die Vorstellung, Museen könnten ein Ort kritischer politischer Interventionen sein, von Blindheit für die mannigfaltigen (wirtschaftlichen und politischen) Kräfte, die ihre Existenz überhaupt erst ermöglichen. Einmal mehr lautet hier die Strategie, Institutionen zu ignorieren und stattdessen andere Räume außerhalb des institutionellen Bereichs zu besetzen. Dabei handelt es sich aus meiner Sicht um eine völlig fehlgeleitete Herangehensweise, mit der man sich Handlungsmöglichkeiten abschneidet, weil sie den Blick auf die vielfältigen Wege versperrt, die dem politischen Engagement offenstehen. Wer glaubt, dass die bestehenden Institutionen als Kampfplatz nicht geeignet sind, blendet die Spannungen aus, die innerhalb einer bestehenden Konfiguration von Kräften immer existieren, und damit auch die Möglichkeit, durch das eigene Handeln ihre Artikulationsform zu untergraben.

Was Museen betrifft, so bin ich überzeugt, dass Museen und Kunsteinrichtungen keineswegs dazu verdammt sind, die Rolle konservativer, an der Aufrechterhaltung und Reproduktion der bestehenden Hegemonie beteiligter Institutionen zu spielen, sondern dass sie dazu beitragen können, das ideologische Grundgerüst der Konsumgesellschaft zu unterminieren – ja, dass man sie in agonistische öffentliche Räume verwandeln könnte, in denen diese Hegemonie offen angegriffen wird. Die Geschichte des Museums war von Anfang an mit dem Aufbau einer bürgerlichen Hegemonie verbunden, doch diese Funktion ist nicht in Stein gemeißelt. Wie Wittgenstein uns gelehrt hat, ist die Bedeutung eines Wortes stets kontextabhängig und wird durch den Gebrauch definiert.

Dasselbe gilt auch für Institutionen, und deshalb sollten wir uns von der essentialistischen Vorstellung verabschieden, manche Institutionen seien kraft ihres Wesens dazu bestimmt, eine unveränderliche Funktion auszufüllen. Tatsächlich haben wir ja bereits erlebt, dass zahlreiche

Museen, dem neoliberalen Trend folgend, ihre ursprüngliche Funktion der Bildung der Bürger im Sinne der vorherrschenden Kultur aufgegeben haben und dass sie auf den Status von Unterhaltungstempeln für eine aus Konsumenten bestehende Öffentlichkeit reduziert wurden. Das Hauptziel dieser »postmodernen« Museen lautet, mit Blockbuster-Ausstellungen und dem Verkauf einer Vielfalt von Produkten Geld zu verdienen. Die von ihnen geförderte Art der »Partizipation« beruht auf dem Konsumismus, und damit tragen sie aktiv zur Kommerzialisierung und Entpolitisierung der kulturellen Sphäre bei.

Diese neoliberale Wende ist jedoch nicht die einzig denkbare Evolutionsform. Man kann sich auch eine andere vorstellen, die in eine progressive Richtung weist. Es mag Zeiten gegeben haben, in denen es sinnvoll war, Museen den Rücken zu kehren, um künstlerischen Praktiken neue Wege zu eröffnen. Doch unter den gegebenen Umständen einer fast vollständig vom Markt kolonialisierten Kunstwelt können Museen privilegierte Orte sein, an denen man der Vorherrschaft des Marktes entfliehen kann. Das von seiner normativen Rolle befreite Museum, darauf hat Boris Groys hingewiesen, könnte man als privilegierten Ort betrachten, an dem Kunstwerke in einem Kontext ausgestellt werden können, der ihre Unterscheidung von kommerziellen Produkten ermöglicht.[11] So betrachtet, schaffen Museen Freiräume, in denen man sich den Folgen der zunehmenden Kommerzialisierung der Kunst entziehen kann.

Die Funktion des Museums in diesem Sinne neu zu denken ist ein erster Schritt, um einen möglichen Ort in ihm sehen zu können, an dem es möglich ist, sich der Diktatur des globalen Medienmarktes zu widersetzen. Tatsächlich gibt es bereits heute mehrere Beispiele für Museen und Kunstinstitutionen, die die von mir vorgeschlagene Strategie der »Auseinandersetzung mit« fördern. Eines der bekanntesten ist das Museu d'Art Contemporani de Barcelona (MACBA), dem es unter der Leitung von Manuel Borja-Villel (mittlerweile Direktor des Reina Sofía in Madrid) gelungen ist, ein neues Modell dafür zu entwickeln, was ein Museum sein könnte.[12]

Zwischen 2000 und 2008 initiierte das MACBA verschiedene auf kritischer Pädagogik basierende Projekte, um die Rolle des Museums als Bildungsinstitution und konstitutiver Bestandteil der öffentlichen Sphäre wiederzubeleben. Mit dem Ziel, eine alternative Lesart moderner Kunst zu propagieren, begann das MACBA eine Sammlung aufzubauen und Wechselausstellungen zu organisieren, die Künstler und Kunstszenen privilegierte, die im dominierenden Diskurs über die künstlerische Moderne kaum vorgekommen waren. Ein weiteres Ziel des MACBA bestand darin, ein lebendiges Verhältnis zwischen dem Museum und der Stadt aufzubauen und eine Plattform für Debatten und Konflikte zu bieten. Auf der Suche nach Möglichkeiten, wie Kunst einen signifikanten Beitrag zu einer Vervielfachung der öffentlichen Räume leisten könnte, förderte das Museum darüber hinaus den Kontakt zwischen verschiedenen sozialen Bewegungen.

Eine Reihe 2002 organisierter Workshops mit dem Titel »Direct Action as one of the Fine Arts« zum Beispiel brachte Künstlerkollektive und soziale Bewegungen zusammen, um Möglichkeiten zu eruieren, lokale politische

Auseinandersetzungen mit künstlerischen Praktiken zu verbinden. Die Workshops befassten sich mit Themen wie prekäre Arbeit, Grenzen und Migration, Gentrifizierung, neue Medien und emanzipatorische Politik. Ein weiteres Beispiel für die Zusammenarbeit mit neuen sozialen Bewegungen war das Projekt »How do we want to be governed?«, das als Gegenveranstaltung zum 2004 von der Stadt Barcelona durchgeführten Internationalen Forum der Kulturen konzipiert war. Dieses Forum bediente sich der Kultur nur als Feigenblatt und wollte in Wirklichkeit für die »Erneuerung« der Strandpromenade werben, die für Projektentwickler ein lukratives Geschäft werden sollte. Das von Roger Buergel kuratierte Projekt »How do we want to be governed?« fand an mehreren Stellen des neu zu gestaltenden Areals statt. Es war eine Ausstellung im Werden, die künstlerisches Arbeiten mit sozialer Dynamik verband und auch Debatten mit anderen Bewegungen im Viertel einschloss.

Die Erfahrungen des MACBA stellen eine radikale Alternative zum modernen und postmodernen Museum dar. Daneben verdienen es aber noch viele andere Formen von Initiativen, erwähnt zu werden. An der Moderna Galerija in Ljubljana hat die Direktorin Zdenka Badovinac eine sehr interessante Strategie entwickelt, um auf die unterschiedliche gesellschaftliche Realität im Westen und im Osten aufmerksam zu machen und die Divergenzen zwischen der Neo-Avantgarde in beiden Regionen aufzuzeigen.[13] Ihrer Ansicht nach sollte ein Museum für zeitgenössische Kunst Antagonismen unterstreichen, anstatt sie mit einem Pluralismus zu verschleiern, der lediglich die Vielfalt betont. Es sollte die

Entstehung eines Parallelnarrativs voranbringen und das Fundament dafür schaffen, dass Kunst so rezipiert wird, wie sie sich in sehr unterschiedlichen Kontexten entwickelt hat. Zu diesem Zweck hat Zdenka Badovinac eine Reihe von Projekten mit Bezug zum Balkan und zu Osteuropa insgesamt initiiert. Das Ziel dabei ist, lokalen Institutionen mehr Möglichkeiten zu eröffnen, Wissen über ihre eigene Geschichte zu generieren; das verändert indirekt das globale Kunstsystem.

Künstler als organische Intellektuelle

Will man sich die politische Dimension agonistischer, kritischer künstlerischer Interventionen vor Augen führen, so muss man die Vorstellung infrage stellen, politisch zu sein setze eine radikale Kritik voraus, die einen vollständigen Bruch mit dem derzeitigen Status quo erfordere. Es ist diese Vorstellung, die der Sichtweise zugrunde liegt, Kunst könne heute keine kritische Rolle mehr spielen, weil keine kritische Geste der Rekuperation entgehen könne. Einen ähnlichen Fehler machen jene, die glauben, Radikalität sei gleichbedeutend mit Grenzüberschreitung: je grenzüberschreitender Praktiken seien, desto radikaler seien sie. Wenn diese Leute sehen, wie die Grenzüberschreitungen von den Medien rekuperiert werden, dann kommen auch sie zu dem Schluss, Kunst könne keine kritische Rolle mehr spielen.

Aus demselben Grund sollten wir die Haltung zurückweisen, kritische Kunst könne nur in verschiedenen Formen der Verweigerung bestehen und solle Ausdruck einer absoluten Negation sein, ein Zeugnis des »Unerklärlichen« und »Nicht-Darstellbaren«, wie einige Verfechter des Erhabenen gerne glauben wollen. Ein weiteres häufig anzutreffendes Missverständnis besteht darin, kritische Kunst aus moralistischer Sicht zu betrachten und ihre Rolle in der moralischen Verurteilung zu sehen. Angesichts der derzeitigen Lage, in der es keine Übereinkunft bezüglich der Kriterien für die Beurteilung der Produktion von Kunst mehr gibt, existiert eine unverkennbare Tendenz, ästhetische Urteile durch moralische zu ersetzen und dabei so zu tun, als seien diese moralischen Urteile zugleich politische. Ich erachte all diese Ansätze als »antipolitisch«, da sie den Charakter des politischen Ringens um die Hegemonie nicht erfassen.

Betrachtet man sie als gegenhegemoniale Interventionen, so können kritische künstlerische Praktiken zur Schaffung einer Vielzahl von Orten beitragen, an denen die vorherrschende Hegemonie infrage gestellt werden kann. Meiner Ansicht nach gehören all jene, die im Bereich der Kunst und Kultur tätig sind, in die Kategorie derer, die Gramsci als »organische Intellektuelle« bezeichnet.

Künstler können heute nicht mehr vorgeben, eine Avantgarde darzustellen, die radikale Kritik übt. Das ist jedoch kein Grund, ihre politische Rolle für tot zu erklären; im Rahmen des Kampfes um die Hegemonie kommt ihnen eine wichtige Funktion zu. Indem sie neue Praktiken und Subjektivitäten entwickeln, können sie dazu beitragen, die bestehende Machtkonfiguration zu unterminieren. Tatsächlich war das schon immer die Rolle der Künstler, und nur die modernistische Illusion von der privilegierten Stellung des Künstlers hat uns etwas anderes vorgegaukelt. Sobald wir uns von dieser Illusion – und von der mit ihr einhergehenden revolutionären Sicht der Politik – verabschieden, können wir eine brauchbare Vorstellung von der kritischen Rolle entwickeln, die künstlerische und kulturelle Praktiken heutzutage spielen können.

Anmerkungen

1 Paolo Virno, *Grammatik der Multitude. Untersuchungen zu gegenwärtigen Lebensformen*, Wien: Turia + Kant 2005 [2003].
2 Interview mit André Gorz, in: *Multitudes* 15 (2004), S. 209.
3 Brian Holmes, »Artistic autonomy«, online verfügbar unter: {http://wordpress.anti-thesis.net/projects/notes/autonomy-holmes.txt} (Stand Februar 2014).
4 Luc Boltanski/Ève Chiapello, *Der neue Geist des Kapitalismus*, Konstanz: UVK 2003 [1999].
5 Yannis Stavrakakis, *The Lacanian Left. Psychoanalysis, Theory, Politics*, Edinburgh: Edinburgh University Press 2007, S. 81.
6 Vgl. z. B. das Interview, das Luigi Fassi mit Jaar geführt hat, in: *Klat* (Winter 2009/10), S. 73 f.
7 Näheres zu diesen Praktiken in: Autonome A.f.r.i.k.a.-Gruppe/Luther Blissett (Hg.), *Handbuch der Kommunikationsguerilla*, Berlin: Assoziation A 2012.
8 Vgl. z. B. ihr Buch *The Yes Men. The True Story of the End of the World Trade Organization*, New York: Disinformation Co 2004.
9 Informationen zu dieser Aktion sind online verfügbar unter: {http://theyesmen.org/hijinks/wto} (Stand Februar 2014).
10 Ernesto Laclau/Chantal Mouffe, *Hegemonie und radikale Demokratie. Zur Dekonstruktion des Marxismus*, Wien: Passagen Verlag 1991 [1985].
11 Vgl. z. B. Boris Groys, »The logic of equal aesthetic rights«, in: ders., *Art Power*, Cambridge (MA): MIT Press 2008, S. 13-22.
12 Eine hervorragende Übersicht über die Aktivitäten des MACBA in

jenen Jahren findet sich in Jorge Ribalta, »Experiments in a new institutionality«, in: *Relational Objects. MACBA Collections 2002-2007*, Barcelona: Museu D'Art Contemporani de Barcelona (MACBA), 2010, S. 225-265, online verfügbar unter: {http://www.macba.cat/PDFs/jorge_ribalta_colleccio_eng.pdf} (Stand Februar 2013).

13 Vgl. z. B. Zdenka Badovinac, »Contemporaneity as points of connection«, in: *E-flux Journal* 2, *What Is Contemporary Art?*, herausgegeben von Julieta Aranda, Berlin: Sternberg Press 2010. S. 152-156.

6. Schlussfolgerungen

Als ich für die Veröffentlichung dieses Buches die darin enthaltenen Essays überarbeitet habe, wurde mir bewusst, dass viele Themen, mit denen ich mich aus theoretischer Sicht auseinandergesetzt hatte, durch den Ausbruch der Massenproteste im Nahen Osten und im Westen 2011 und 2012 plötzlich akute Aktualität erlangt hatten. Um dieser neuen Sachlage gerecht zu werden, habe ich beim Überarbeiten in mehreren Kapiteln Verweise auf aktuelle Ereignisse eingefügt. Ich glaube jedoch, dass noch mehr Reflexion vonnöten ist, und dazu soll dieses letzte Kapitel dienen.

Zunächst möchte ich deutlich machen, dass ich nicht einverstanden bin mit der Tendenz, die Auseinandersetzungen in Tunesien und Ägypten (von Libyen oder gar Syrien ganz zu schweigen), die Unruhen in französischen Vorstädten, die Ausschreitungen in Großbritannien, die Massendemonstrationen in Griechenland, die Protestcamps der Indignados in Spanien, die Studentenbewegungen in Chile und Québec, die Proteste in Israel und die verschiedenen Occupy-Bewegungen in den USA und Europa in einen Topf zu werfen. Meiner Überzeugung nach ist es wichtig, diese sehr heterogenen Bewegungen nicht zu homogenisieren.

Es stimmt zwar, dass sie teilweise ähnliche Merkmale aufweisen – etwa den Rückgriff auf soziale Netzwerke wie Facebook oder Mikroblogging-Dienste wie Twitter –, doch wurde deren Rolle häufig stark übertrieben dargestellt. Im Fall von Tunesien und Ägypten beispielsweise von einer »Google-Revolution« zu sprechen, ist natürlich lächerlich. Was den Nahen Osten betrifft, so scheint dem Fernsehen eine entscheidende Funktion zugekommen zu sein, war dieses doch (anders als das Internet) vielen Bevölkerungssektoren zugänglich, entweder zu Hause oder in Cafés.

Eine signifikantere Gemeinsamkeit ist die physische Besetzung öffentlicher Räume. Die Proteste auf dem Tahrir-Platz in Kairo wurden zweifelsohne zum Vorbild der Besetzung der Puerta del Sol in Madrid und des Syntagma-Platzes in Athen sowie für verschiedene Occupy-Lager. Die Gründe, weshalb die Menschen sich an diesen Orten versammelten, waren jedoch sehr unterschiedlich. Waren die Demonstrationen im Nahen Osten gegen diktatorische Regimes gerichtet, so waren sie in Europa und den USA im Wesentlichen Ausdruck des Widerstands gegen Mängel des demokratischen Systems und seine Unterwürfigkeit gegenüber der Macht der Finanzwirtschaft. Die einzelnen Bewegungen sind das Produkt ganz spezifischer Bedingungen und haben unterschiedliche Ziele. Insofern ist es höchst problematisch, sie zu einem neuen Typus der »molekularen« Politik zu erklären, der zwangsläufig die »veralteten« repräsentativen Formen von Politik verdrängen werde. Außerdem führt das zu einer Vernachlässigung ihres jeweiligen ganz spezifischen Kontextes und ihrer charakteristischen Merkmale.

Dies ist nicht der Ort für eine eingehende Analyse dieser unterschiedlichen Massenbewegungen; auch geht mein Interesse in eine andere Richtung. Ich möchte die Reaktionen radikaler Politologen auf diese Bewegungen und ihre unterschiedlichen Interpretationen untersuchen. Viel war in diesem Zusammenhang von einer neuen (von einer allgemeinen Sehnsucht nach »dem Gemeinsamen« beseelten) Art des Aktivismus die Rede, und es lohnt sich, diese Behauptungen genauer unter die Lupe zu nehmen. Da sie mehrere Fragen, mit denen ich mich in diesem Buch auseinandergesetzt habe, unmittelbar berühren, eröffnen sie mir eine Gelegenheit, die Relevanz meines agonistischen Ansatzes für die spezifische Situation, in der wir uns derzeit befinden, auf den Prüfstand zu stellen.

Dazu werde ich die Aufstände im Nahen Osten – die einer anderen Analyse bedürfen – beiseitelassen und mich darauf konzentrieren, wie die verschiedenen Mobilisierungen in liberalen, demokratischen Gesellschaften interpretiert worden sind. Breite Übereinkunft lässt sich bei politischen Kommentatoren zumindest in einem Punkt konstatieren: Die Proteste der letzten Jahre waren mehr als eine Reaktion auf die derzeitigen Sparmaßnahmen. Sie zeugen von einem tiefer sitzenden politischen Unbehagen gegenüber demokratischen Institutionen, auf deren Krise sie ein Schlaglicht werfen. Hinsichtlich der Ursachen dieser Krise und der erforderlichen Gegenmaßnahmen gehen die Meinungen allerdings auseinander. Im Folgenden werde ich die Unterschiede genauer analysieren, und dabei wird sich zeigen, dass sie auf die unterschiedlichen Ansätze in Bezug auf radikale Politik zurückgehen, die ich im vierten Kapitel untersucht habe: »Rückzug aus« oder »Auseinandersetzung mit«. Tatsächlich ist es diese Dichotomie, die den widersprüchlichen Lesarten der Proteste der vergangenen Jahre und den unterschiedlichen Einschätzungen ihres Potenzials zugrunde liegt.

Eine neue Art von Aktivismus?

Am Ausgangspunkt meiner Überlegungen möchte ich zunächst eine wichtige Unterscheidung treffen. Unter den Massenmobilisierungen, die in jüngerer Zeit in liberalen, demokratischen Gesellschaften zu beobachten waren, gibt es Bewegungen, die eher traditionellen linken Mustern entsprechen, und Bewegungen, die von diesen abweichen. Trotz unbestreitbarer Parallelen ist es beispielsweise irreführend, die spanischen Indignados und die Studentenbewegung in Chile – wie es so häufig geschieht – in eine Schublade zu stecken. In Chile haben wir es mit einer Mobilisierung von Studenten zu tun, die weitgehend im Sinne der klassischen Linken für ein besseres Bildungssystem kämpfen und konkrete Forderungen an den Staat stellen. Sie sind formal organisiert und haben gewählte AnführerInnen, die es nicht ablehnen, mit politischen Parteien zusammenzuarbeiten. Tatsächlich ist die wichtigste von ihnen, Camila Vallejo, Mitglied der kommunistischen Partei und sitzt mittlerweile im chilenischen Parlament.

Ganz anders die Indignados vom Movimiento 15-M (Bewegung 15. Mai), die ¡Democracia Real Ya! (Echte Demokratie jetzt!) fordern. Sie lehnen das repräsentative demokratische System zugunsten einer »echten« Demokratie ab und propagieren »Versammlungen« statt »Parlamentarismus«. Sie beharren darauf, ohne Anführer auszukommen, und lehnen alles ab, was mit traditionellen politischen Institutionen wie Wahlen, Parteien und Gewerkschaften zu tun hat.

Eine ähnlich negative Einstellung gegenüber repräsentativer Politik trifft man bei den Aganaktismenoi – der griechischen Version der Indignados – und bei einigen der verschiedenen Occupy-Bewegungen in Europa und Nordamerika an, wobei es im Fall der Letzteren zumindest einen Hinweis darauf gibt, wer der Feind ist: die Finanzinstitute, die als das eine Prozent betrachtet werden, das die übrigen 99 Prozent unterdrückt.

Ebenfalls gemeinsam ist den Indignados und Occupy-Gruppen der rhizomatische, horizontale Charakter. Sie sind führerlose Netzwerke, Plattformen ohne Zentrum. Anfangs, ehe sie von den lokalen Behörden vertrieben wurden, konzentrierten sie sich auf die Einrichtung von Lagern auf öffentlichen Plätzen. In der aktuellen, zweiten Phase versuchen sie, ihre Formen des Protests durch Aktionen auf der Ebene der Stadtviertel und durch die Konzentration auf ganz bestimmte Themen wie Schulden, Zwangsvollstreckungen und Zwangsräumungen zu diversifizieren. Einige dieser Initiativen erschienen vielversprechend, doch jetzt, da sie von ihren ursprünglichen Standorten vertrieben worden sind, ist die Zukunft dieser Bewegungen nicht leicht vorherzusagen. Jedenfalls waren sie von Anfang an sehr unterschiedlich und dezentral organisiert, und deshalb ist es unwahrscheinlich, dass sie sich gleichförmig weiterentwickeln werden.

Bereits heute fest steht, dass es in Spanien und Griechenland zu einer bedeutenden Weiterentwicklung gekommen ist, im Rahmen derer sich der Charakter der Proteste durch die Einbeziehung neuer Interessengruppen gewandelt hat. In Spanien, wo die konservative Partido Popular mittlerweile mit absoluter Mehrheit regiert, haben sich die Proteste ausgeweitet und einen anderen

Charakter angenommen. Unter der Führung der Gewerkschaften wurden gigantische Massenkundgebungen organisiert. Durch diese Proteste machen unterschiedliche Bevölkerungssektoren ihre Ablehnung des drastischen Sparkurses der Partido Popular deutlich, dessen Kernelemente die Privatisierung staatlicher Dienstleistungen, die Rezentralisierung der Verwaltung und die Kriminalisierung der Protestierenden sind.

Genauso ist es auch in Griechenland, wo es nun, nachdem die Aganaktismenoi fast vollständig von der Bildfläche verschwunden sind, neue Massenproteste gegen die von der konservativen Nea Dimokratia gebildete Regierung gibt, die von der linksradikalen Partei Syriza organisiert werden – ein Hinweis darauf, dass man, wie ich weiter unten ausführen werde, im Hinblick auf die Zukunft dieser Bewegungen und ihres Potenzials, Veränderungen anzustoßen, die Rolle der linken Parteien nicht unterschätzen sollte.

Berücksichtigt man diese neueren Entwicklungen, so tritt die komplexe Struktur der Proteste deutlich zutage. Diese ist auch der Grund, weshalb ihre Kritik am derzeitigen demokratischen System unterschiedlich interpretiert werden kann. Man trifft unter den Demonstranten Aktivisten an, die grundsätzlich gegen jede Form der Repräsentation sind, die liberale Demokratie rundheraus ablehnen und eine Sehnsucht nach einer Gesellschaft zum Ausdruck bringen, die durch direkte Demokratie mit sich selbst versöhnt ist. Andere Gruppen dagegen wollen die repräsentativen Institutionen nicht komplett abschaffen, sondern verbessern, damit die Bürger sie besser kontrollieren können. Indem sie den Blick einseitig auf die zuerst genannte Form der Kritik richten, interpretieren viele vom Exodus-Ansatz beeinflusste Theoretiker die neueren Mobilisierungen als Manifestation der Fähigkeit der Multitude, jenseits der traditionellen Institutionen neue Formen von sozialen Beziehungen zu entwickeln. Diese Theoretiker feiern das als eine Verwirklichung des »Gemeinsamen« und betrachten die Protestcamps als Vorboten einer »absoluten Demokratie«.

Einige dem Exodus-Ansatz nahestehende Theoretiker rücken das Auftreten neuer demokratischer Praktiken »horizontalistischer« und »präsentischer« Ausprägung in den Vordergrund. Für Isabell Lorey zum Beispiel sind diese Bewegungen typisch für die neuen Formen von Kämpfen, die von Arbeitern ausgefochten werden, die in für den Postfordismus charakteristischen prekären Beschäftigungsverhältnissen stehen. Wofür die spanischen Indignados sich mit dem Ruf nach ¡Democracia Real Ya! einsetzen, argumentiert Lorey, sei weniger eine direkte Demokratie, an der alle Bürger partizipieren können, als ein radikal neues Verständnis von Demokratie jenseits der Repräsentation – einer Demokratie in actu, die sie als »präsentische Demokratie« bezeichnet. Für Lorey ist diese »präsentische« Sichtweise charakteristisch für die Occupy-Bewegungen allgemein; darin liegt ihr zufolge ihre Neuartigkeit. Da sie diese Sichtweise besonders eloquent darstellt, möchte ich sie hier ausführlich zitieren:

> »Die Besetzungsbewegungen bedeuten einen Exodus aus den beiden vorgegebenen Alternativen zwischen direkter und repräsentativer Demokratie, weil sie nicht-juridisch

agieren und präsentische und horizontale Demokratie praktizieren. Das ist nichts weniger als ein Bruch mit der bestehenden Ordnung der ›westlichen‹ Demokratie. Der Exodus manifestiert sich auf dem zentralen öffentlichen Platz, in der Versammlung der Beliebigen und in dem Praktizieren neuer Lebensformen. Diese präsentische Bewegung ist Selbstorganisierung und Instituierung, eine demokratische konstituierende Macht, die nicht die alten Kämpfe um die Übernahme der Macht wiederholen will, sondern sich der juridischen Logik von Repräsentation und Souveränität zu entbinden sucht.«[1]

Für Lorey markieren die verschiedenen Besetzungsbewegungen radikale Veränderungen in Politik, Gesellschaft und Wirtschaft und künden von der Entstehung »konstituierender Macht« jenseits von Repräsentation. Der Analyse von Antonio Negri folgend, betrachtet sie diese konstituierende Macht als Prozess, der von einer »juridischen institutionalisierten Macht« weder repräsentiert noch verkörpert werden kann. Sie besteht darauf, dass diese Macht eine Vermittlung durch Repräsentation ablehnen müsse und nicht zu einem »Volk« gebändigt werden sollte. Präsentische Demokratie ist daher das Gegenteil von repräsentativer Demokratie; sie ist eine Frage von kollektiven politischen Praktiken ohne jeden Herrschaftsanspruch.

Mobilisierungen wie Occupy haben viel Aufmerksamkeit erregt und unbestreitbar großen Widerhall gefunden; darüber sollten wir jedoch nicht vergessen, dass dies nicht das erste Mal ist, dass Bürger sich jenseits der traditionellen politischen Kanäle versammeln und sich Gehör verschaffen. Wie eine neue, unter der Federführung von Mary Kaldor und Sabine Selchow entstandene Studie uns in Erinnerung ruft, gibt es das, was sie als »untergründige« (»subterranean«) Politik bezeichnen, seit geraumer Zeit, und was wir 2011 und 2012 erlebt haben, war ein »Zutagetreten« dieser »untergründigen« Politik.[2] Mit diesem Begriff bezeichnen die Autorinnen alle Arten von politischen Gruppierungen, Initiativen, Veranstaltungen und Ideen – auf Seiten der Linken wie der Rechten –, die im politischen Mainstream normalerweise nicht sichtbar sind.

In diese Kategorie gehört natürlich Occupy, aber auch die Proteste der »Wutbürger« gegen »Stuttgart 21«, die vielfältigen außerparteilichen Interventionen von Bürgern, Antiglobalisierungsproteste, die Netzwerke des Weltsozialforums und viele andere zivilgesellschaftliche Initiativen in einer Vielzahl von Bereichen. Außerdem verorten sie hier auch die verschiedenen Piratenparteien sowie, etwas überraschender, eine Reihe von rechtsgerichteten populistischen Bewegungen wie »Jobbik« in Ungarn oder »Goldene Morgenröte« in Griechenland.

Im Mittelpunkt der Studie von Kaldor und Selchow stehen emanzipatorische Formen »untergründiger« Politik, allen voran die Indignados in Europa. Sie beruht auf Interviews mit Künstlern, und deren Antworten verdienen genauere Betrachtung. Beispielsweise erfahren wir dabei, dass viele Occupy-Aktivisten dem Weltsozialforum kritisch gegenüberstehen, weil es ihrer Meinung nach zu stark von der traditionellen Linken beeinflusst ist. Das passt zur Einstellung der Indignados vom Movimiento 15-M und dessen Ablehnung aller Politiker, von der Linken wie von der Rechten. Darüber hinaus zeugen die Antworten von der Disparität der ideologischen Ausrichtung der Aktivisten. Diese Disparität gesteht das Manifest des Movimiento 15-M offen ein, wenn es darin heißt: »Einige von uns betrachten sich als progressiv, andere als konservativ. Manche von uns sind gläubig, andere nicht. Einige von uns hängen eindeutig definierten Ideologien an, andere sind apolitisch.«[3] Angesichts dieser Heterogenität der Sichtweisen und des Beharrens darauf, einen Konsens zu finden, überrascht es daher wenig, dass immer dann, wenn Versammlungen es schließlich schaffen, sich auf dem Wege horizontaler Entscheidungsprozesse auf eine Resolution zu einigen, dieser in der Regel die für konkrete Vorschläge nötige systematische Fokussierung fehlt. Tatsächlich lehnen einige Aktivisten allein das Ansinnen, Forderungen zu formulieren, rundheraus ab.

Die für das Projekt über »untergründige« Politik durchgeführten Interviews lassen Zweifel an der Behauptung aufkommen, eine antirepräsentative Einstellung sei für die Mehrheit der Aktivisten typisch. Dass derartige Sichtweisen unter den in diesen Bewegungen engagierten Aktivisten anzutreffen sind, ist unbestreitbar, und ich konzediere gerne den »präsentischen« Charakter einiger in den Lagern und Versammlungen entwickelter Praktiken. Die Darstellung, all die Empörten hätten eine Demokratie jenseits von Repräsentation zum Ziel, ist jedoch eine sehr einseitige Lesart dieser Proteste. Und was aus meiner Sicht noch wichtiger ist: Selbst wenn diese Einstellung vorherrschte, wäre das kein hinreichender Grund für die Schlussfolgerung, dass eine solche Strategie angemessen sei und dass auf Horizontalismus und Präsentismus beruhende Praktiken das Rückgrat des progressiven Kampfes bilden sollten. Die Frage, die wir uns stellen sollten, betrifft die Wirksamkeit solcher Praktiken und deren Potenzial, eine andere Art von Gesellschaft hervorzubringen, in der die von ihnen angeprangerten Ungleichheiten abgeschafft sind.

Tatsächlich könnte man argumentieren, dass allein die Evolution der Occupy-Bewegung selbst die Grenzen dieser Praktiken aufzeigt – Grenzen, die die Aktivisten selbst eingestanden haben. Beispielsweise schrieb Mark Greif, der eine wichtige Rolle bei »Occupy Wall Street« gespielt hat, am 17. September 2012, wenig mehr als ein Jahr nach der Geburtsstunde dieser Bewegung, in einem Zeitungsartikel, Occupy habe zwar erfolgreich dafür gesorgt, dass das Thema Gleichheit in aller Munde ist, im Hinblick auf die Wall Street und die Finanzinstitute aber die meisten seiner Ziele verfehlt.[4] Mit dieser Einschätzung zu den Vor- und Nachteilen der Occupy-Protestcamps steht Greif nicht alleine; auch viele andere haben deren Einfluss auf den politischen Diskurs in den USA gefeiert, gleichzeitig jedoch das Fehlen einer Strategie für das Anstoßen von institutionellen Veränderungen beklagt.

Indem sie ihrer Empörung über die obszönen Ungleichheiten in westlichen Gesellschaften Ausdruck verliehen, brachten diese Bewegungen wichtige Themen aufs Tapet, und das wird hoffentlich viele Menschen dazu bringen, Alternativen zu fordern. Das ist jedoch nur der Anfang; für eine tatsächliche Veränderung der Machtverhältnisse bedarf es institutioneller Bahnen. Will man den Neoliberalismus infrage stellen, so muss man sich, wie ich in diesem Buch dargelegt habe, mit seinen Schlüsselinstitutionen auseinandersetzen. Es genügt nicht, neue Existenzformen des Gemeinsamen jenseits der vorherrschenden kapitalistischen Strukturen zu organisieren, als ob Letztere nach und nach kampflos das Feld räumen würden.

Mark Fisher schreibt zu den Grenzen des Horizontalismus:

> »Wenn die Occupy-Bewegung nicht darauf abzielt, – zumindest irgendwann – Einfluss auf die Politik zu nehmen oder – zumindest irgendwann – über die Mainstream-Medien Einfluss auf die Hegemonie zu nehmen, wie lauten dann ihre Hoffnungen? Mit ihrer Entwicklung des Horizontalismus wollen die Occupy-Aktivisten präfigurativ sein: Sie wollen zukünftige (posthierarchische) politische Organisationsformen vorwegnehmen. Damit stellt sich jedoch die Frage, wie sich diese politischen Organisationsformen – ohne die Organe des Staates oder der Massenmedien – verbreiten sollen?«[5]

Abgesehen von der antiinstitutionalistischen Strategie mancher Occupy-Aktivisten habe ich auch Vorbehalte gegen die Art der Diskurse, mittels derer sie ihren Protest artikulieren. Es ist lobenswert, dass sie der Empörung über das Finanzsystem eine Stimme verleihen, doch muss das auf politische Weise erfolgen, indem man die ideologischen, wirtschaftlichen und politischen Kräfte ins Visier nimmt, die dieses System formen. Ansonsten besteht die reale Gefahr, dass die derzeitigen Proteste sich auf der Grundlage einer Dichotomie von Gut und Böse auf das moralische Register beschränken.

Positiv ist sicherlich, dass Occupy im Gegensatz zu

den Indignados einen klar definierten Gegner hat: die Wall Street, die Börse in London und andere Finanzinstitutionen. Doch ihren Slogan »Wir sind die 99 Prozent« halte ich für ziemlich unbefriedigend. Er mag mitreißend sein, zeugt jedoch von einem mangelnden Bewusstsein bezüglich der in der Gesellschaft bestehenden Antagonismen und von einem recht naiven Glauben an die Möglichkeit, eine konsensuelle Gesellschaft aufzubauen, wenn das »böse« eine Prozent erst einmal eliminiert ist. Ein solches Denken kann leicht zur moralistischen Verurteilung der Reichen führen, anstatt politisch die komplexe Kräftekonstellation zu analysieren, an der man rütteln muss, um eine gerechtere und demokratischere Gesellschaft aufzubauen. Dieser Slogan ist nicht nur zu inklusiv, er setzt offensichtlich auch das Gegebensein des »Wir« als selbstverständlich voraus. Er geht der Notwendigkeit aus dem Weg, dieses »Wir« durch die Artikulation einer Äquivalenzkette zwischen den vielfältigen Protestgruppen zu konstruieren. Dieser Moment der Konstruktion eines kollektiven Willens über Gegensätze hinweg, behaupte ich, ist der entscheidende politische Schritt, ohne den man keine angemessene Strategie entwickeln kann.

Das Fehlen einer echten politischen Strategie, so wurde argumentiert, zeige, dass die Bewegungen, die nach einer konsensualen, »echten Demokratie« rufen, Politik nach wie vor unter liberalem Vorzeichen wahrnehmen, und das hindere sie daran, das Wesen des Politischen zu erfassen. Das behauptet Jason Hickel, dem zufolge die Schwächen der Occupy-Bewegung und ihre Unfähigkeit, im Hinblick auf die Unterminierung der neoliberalen Muster der kapitalistischen Akkumulation irgendetwas zu bewirken, auf die Tatsache zurückzuführen sind, dass »die dem Liberalismus zugrundeliegenden Annahmen und Subjektivitäten in der Occupy-Bewegung weiter wirksam sind«.[6] In seiner Analyse der Kennzeichen dieser Bewegungen arbeitet Hickel heraus, wie stark sie von der liberalen Ideologie beeinflusst sind. Die für Occupy-Gruppen typische Struktur einer nichthierarchischen, konsensbasierten, partizipatorischen Demokratie treibe die liberale Ethik der Verherrlichung von Vielfalt und Toleranz auf die Spitze, und das verstelle ihnen den Blick auf die Tatsache der Hegemonie und auf den Charakter der Macht in kapitalistischen Gesellschaften. In ihrer Weigerung, sich um konkrete Forderungen zu scharen, um mögliche Andersdenkende nicht abzuschrecken und ihre Vielfältigkeit nicht zu gefährden, sieht Hickel eine antipolitische Haltung und »die ganze Macht der liberalen Ethik« am Werk.

Eine weitere Gemeinsamkeit zwischen diesen Bewegungen und dem liberalen Ansatz ist das Kernelement des neoliberalen Zeitgeistes: die Dämonisierung des Staates. Im Rahmen ihrer wiederholten Versuche, die vom sozialdemokratischen Wohlfahrtsstaat aufgebauten Institutionen zu demontieren, haben die Verfechter des Neoliberalismus sich durchgängig einer scharfen staatsfeindlichen Rhetorik bedient und alles, was mit dem Staat zu tun hat, als von Grund auf autoritär (oder gar totalitär) und der Freiheit des Individuums abträglich verunglimpft. Durch den Einsatz einer binären Rhetorik, die dem repressiven Staat die Vorteile der freien Marktwirtschaft gegenüberstellt, ist es ihnen gelungen, den Primat des Marktes und die Kommodifizierung aller Gesellschaftsbereiche zu rechtfertigen und so das Fundament für die neoliberale Hegemonie zu legen.

Wie ich in meiner Kritik der postoperaistischen Theoretiker im vierten Kapitel gezeigt habe, findet sich eine solche negative Einstellung gegenüber dem Staat auch in Teilen der radikalen Linken. Diese Übereinstimmung erklärt sich aus dem gemeinsamen Glauben an die Möglichkeit einer selbstregulierenden Gesellschaft jenseits von Spaltung und Hegemonie. Allerdings stellen sich Neoliberale und Radikale eine solche Gesellschaft natürlich sehr unterschiedlich vor. Während Erstere die Realität der bestehenden Machtverhältnisse bestreiten, verkünden Letztere das Herannahen einer Gesellschaft, in der Machtfragen keine Rolle mehr spielen werden. Was wir jedoch in beiden Versionen antreffen, ist die gemeinsame Ablehnung der konstitutiven Rolle der Macht und des Politischen in seiner antagonistischen Dimension. Wie könnte man ohne die Ausblendung der Tatsache, dass gesellschaftliche Verhältnisse immer Machtverhältnisse sind, mit John Holloway so tun, als wäre es möglich, »eine Revolution zu veranstalten, ohne die Macht zu übernehmen«?

Auch die »horizontalistischen« Protestbewegungen teilen die staatsfeindliche neoliberale Rhetorik. Anstelle des Marktes verherrlichen sie das »Gemeinsame«, doch ihre Ablehnung des »Öffentlichen« und aller mit dem Staat verbundenen Institutionen weist unheimliche Parallelen zur neoliberalen Einstellung auf. Indem sie den Staat beharrlich als monolithische Einheit sehen und nicht als komplexes, dynamisches Zusammenspiel von Beziehungen voller Widersprüche, verkennen sie die vielfältigen Möglichkeiten, gegen die Kommodifizierung der Gesellschaft vorzugehen, die aus der Kontrolle über die staatlichen Institutionen erwachsen würden.

Ein agonistischer Ansatz

Ich möchte eine alternative Interpretation der aktuellen Mobilisierungen anbieten. In meinem Buch *Über das Politische*, in dem ich den vorherrschenden »postpolitischen« Trend kritisiert habe, lautete meine Diagnose, als Folge des »Konsenses der Mitte«, der zusehends die Politik in den meisten liberaldemokratischen Gesellschaften bestimme, würden wir Zeugen einer Krise der Repräsentation. Durch diesen Konsens und die mit ihm einhergehende unangefochtene Hegemonie des Neoliberalismus wird den Bürgern in diesen Demokratien die Chance genommen, sich im Rahmen einer antagonistischen Debatte Gehör zu verschaffen und zwischen echten Alternativen zu wählen.

Bis vor Kurzem waren es in erster Linie rechtsgerichtete populistische Parteien, die den Menschen ein Ventil boten, um ihrer Wut über diese postpolitische Situation Luft zu machen. Die jüngsten Proteste zeugen von der Entstehung anderer, sehr viel beachtenswerterer Möglichkeiten, auf das Demokratiedefizit zu reagieren, von dem unsere »postdemokratischen« Gesellschaften geprägt sind. In beiden Fällen jedoch haben wir es mit einer tiefen Unzufriedenheit mit der bestehenden Ordnung zu tun. Wenn heute so viele auf die Straße gehen – nicht nur Jugendliche, sondern Menschen aller Altersschichten –, so tun sie es deshalb, weil sie das Vertrauen in die traditionellen Parteien verloren und das Gefühl haben, sich über die traditionellen politischen Kanäle kein Gehör verschaffen zu können. Nicht zufällig lautet eines der Mottos der Demonstranten: »We have a vote, but we do not have a voice.«[7]

Begreift man die derzeitigen Proteste, meiner Anregung folgend, als Zurückweisung der postpolitischen Ordnung, so kann man sie als Aufruf zur Radikalisierung der liberalen demokratischen Institutionen verstehen, nicht als Aufruf zu deren Ablehnung. Was die Demonstranten fordern, sind bessere, inklusivere Formen der Repräsentation. Um ihren Wunsch zu erfüllen, sich Gehör zu verschaffen, müssen die bestehenden Institutionen umgestaltet und neue etabliert werden, um so die Voraussetzungen für eine agonistische Auseinandersetzung zu schaffen, die den Bürgern echte Alternativen anbietet. Eine solche Auseinandersetzung erfordert die Entstehung einer echten Linken, die eine Alternative zum in Mitte-links-Parteien vorherrschenden sozialliberalen Konsens anzubieten vermag.

Veranschaulichen lässt sich dieser Ansatz am Beispiel Griechenland. Dort werden die Massendemonstrationen derzeit von Syriza organisiert, einer Koalition aus mehreren linken Parteien mit dem Ziel, über Wahlen an die Macht zu gelangen, um eine Reihe radikaler Reformen durchzuführen. Ihr Ziel besteht eindeutig nicht darin, die liberalen demokratischen Institutionen zu zerstören, sondern sie so umzugestalten, dass sie zu einem Vehikel für den Ausdruck des Volkswillens werden.

Auch die Situation in Frankreich liefert interessante Denkanstöße. Wie viele angemerkt haben, war die Occupy-Bewegung in Frankreich im Gegensatz zu vielen anderen europäischen Ländern nahezu nicht existent. Manche haben versucht, diese vermeintliche Anomalie mit der Tatsache zu erklären, dass die Sparmaßnahmen in Frankreich weniger drastisch ausgefallen sind und die Arbeitslosigkeit niedriger war. Aber warum gab es dann in Deutschland, wo die wirtschaftliche Lage besser war, mehrere Occupy-Protestcamps?

Wer nach einer ökonomischen Erklärung sucht, übersieht die tiefer liegenden Ursachen, die politischer Natur sind. Es liegt mir fern zu behaupten, die Franzosen hätten keinen ernsthaften Grund zu demonstrieren; aber die meisten von ihnen scheinen überzeugt zu sein, dass ihnen nach wie vor bedeutsame politische Kanäle offenstehen, um ihre Forderungen zu artikulieren. Ohne Zweifel wurde auch in Frankreich von Mitte-rechts- und Mitte-links-Parteien ein Konsens der Mitte gesucht und gefunden, aber anders als in anderen europäischen Ländern ist hier der Glaube an die Macht der Politik, Veränderungen zu bewirken, nicht geschwunden. Das liegt daran, dass es auf der Linken die Sozialistische Partei und mehrere andere Gruppierungen mit einem radikaleren Programm gibt. In welchem Ausmaß beispielsweise Jean-Luc Mélenchon, der Kandidat der Front de Gauche – einer Koalition mehrerer linker Parteien –, bei den Präsidentschaftswahlen 2012 Jugendliche mobilisieren konnte, war bemerkenswert. Viele junge Leute, die in anderen Ländern in Occupy-Protestcamps anzutreffen gewesen wären oder einem politischen Engagement skeptisch gegenübergestanden hätten, hatten das Gefühl, dass das Programm der Front de Gauche ihren Forderungen einen Platz bot. Sie engagierten sich im Wahlkampf von Mélenchon mit großer Begeisterung für eine »Bürgerrevolution«.

Ich möchte von der Situation in Frankreich kein übertrieben optimistisches Bild zeichnen. Man sollte nicht die Unruhen von 2005 vergessen, als junge Leute auf Fälle von Polizeigewalt hin tagelang randalierten. Sie zündeten Autos an und zerstörten öffentliche Gebäude, darunter Schulen und Sportzentren. Mehrere Experten versuchten umgehend, diese Vorfälle als religiös oder ethnisch motiviert darzustellen, und kamen zu dem Schluss, sie seien Ausdruck der Ablehnung der französischen Gesellschaft und ihrer Werte durch muslimische Jugendliche. Empirische Studien brachten jedoch später die sehr unterschiedliche Herkunft der Randalierer ans Licht. Ihre einzigen Gemeinsamkeiten waren ihre Jugend, ihre Arbeitslosigkeit und die Überzeugung, dass sie keine Zukunft hatten.

Was viele Beobachter überraschte, war, dass ihre Revolte wie ein bloßer Ausbruch blinder Gewalt ohne konkrete Forderungen erschien. Das Vertrauen der Randalierer in die Politik war so gering, dass sie keine einzige Forderung formulierten. Ich glaube, man kann das damit erklären, dass ihnen kein Diskurs zur Verfügung stand, um ihre Wut politisch zu artikulieren. Gewalt war für sie die einzige Möglichkeit, diese zum Ausdruck zu bringen.

Eine vergleichbare Episode spielte sich im Dezember 2008 ab, als junge Leute in Griechenland tagelang randalierten. Ihren Ausgang nahmen die Krawalle in Athen, im Alternativviertel Exarchia. Auch sie waren eine Reaktion auf Polizeigewalt und griffen rasch auf mehrere weitere Städte über. Und auch im Fall von Griechenland gab es keine Forderungen, nur Gewalt.

Aus der agonistischen Perspektive betrachtet, bestätigen derartige Episoden meine Argumentation: Wenn keine institutionellen Kanäle existieren, über die Antagonismen einen agonistischen Ausdruck finden können, ist es sehr wahrscheinlich, dass sie sich in Gewalt entladen. Natürlich ist Gewalt nicht der einzige Weg, auf dem Jugendliche das Gefühl manifestieren können, vom demokratischen System übergangen zu werden. Wie die Occupy-Aktivisten zeigen, kann die Ablehnung des Systems zum Glück auch andere Formen annehmen, die Möglichkeiten einer Bereicherung der Demokratie aufzeigen. Die Lehre ist in beiden Fällen jedoch dieselbe: Es gibt Sektoren der jugendlichen Bevölkerung, deren Interessen das derzeitige Repräsentationssystem nicht berücksichtigt, und es ist höchste Zeit, ihnen innerhalb des liberalen demokratischen Systems Räume zu eröffnen, damit sie ihre Forderungen politisch artikulieren können. Genau das wird von der Front de Gauche in Frankreich und von Syriza in Griechenland bereits versucht, und es steht zu hoffen, dass sich die Ereignisse von 2005 und 2008 in diesen Ländern nicht wiederholen werden.

Sicherlich, dieses Problem beschränkt sich nicht nur auf die Jugend. Es gibt noch andere wichtige Bevölkerungssektoren, deren Interessen von den traditionellen politischen Parteien ignoriert werden. An anderer Stelle habe ich den Zulauf rechtsgerichteter populistischer Parteien untersucht und bin zu dem Schluss gekommen, deren Erfolg sei in erheblichem Maße darauf zurückzuführen, dass sie die Einzigen sind, die die Sorgen der Arbeiterschaft aufgreifen. Als die sozialistischen Parteien in die Mitte rückten, ließen sie diese Menschen, deren Forderungen sie als »veraltet« und »rückwärtsgewandt« erachteten, ohne politische Heimat zurück. Die sozialistischen Parteien beschränken sich mittlerweile darauf, die Interessen der Mittelschicht zu vertreten.

Zweifellos ist das die Erklärung für den Erfolg von Marine Le Pen in Frankreich und für die Tatsache, dass so viele französische Arbeiter ihre Stimme mittlerweile dem Front National geben. Hoffentlich wird sich das ändern, nachdem Jean-Luc Mélenchon das Problem erkannt und die Front de Gauche sich darangemacht hat, die Stimmen der einfachen Leute zurückzuerobern.

Mélenchon und Alexis Tsipras, dem Vorsitzenden der Syriza, wird oft vorgeworfen, sie seien »Populisten«. Das jedoch sollte keineswegs als Anlass für Kritik gesehen werden, sondern als eine Tugend. Das Ziel einer linken Volksbewegung sollte darin bestehen, Leidenschaft für die Konstruktion eines »Volkes« zu mobilisieren, um so einen progressiven »kollektiven Willen« zu formen. Für die Konstituierung eines »Volkes« gibt es natürlich unterschiedliche Möglichkeiten, von denen einige mit einem linken Projekt nicht vereinbar sind. Alles hängt davon ab, wie man den Kontrahenten definiert. Während der rechtsgerichtete Populismus Immigranten oder Muslime als Kontrahenten betrachtet, sollte der Kontrahent einer linksgerichteten populistischen Bewegung die Konfiguration der Kräfte sein, auf denen die neoliberale Hegemonie basiert.

Demokratie oder Repräsentation?

Im Kern dreht sich die Diskussion über die Interpretation der jüngsten Proteste um einen uralten Streit über das Wesen der Demokratie und die Rolle der Repräsentation. Dabei stehen sich zwei Positionen unversöhnlich gegenüber. Die einen betrachten repräsentative Demokratie als Oxymoron und argumentieren, eine »echte« Demokratie müsse eine direkte oder gar »präsentische« sein; für die anderen steht Repräsentation ganz und gar nicht im Widerspruch zur Demokratie, sondern ist vielmehr eine ihrer Vorbedingungen. Ich habe diese Frage bereits in früheren Büchern untersucht. Um jedoch herauszuarbeiten, worum es in der aktuellen Diskussion geht, ist es vielleicht sinnvoll, meine damals vorgebrachten Argumente zu rekapitulieren. In *Das demokratische Paradox* habe ich argumentiert, dass die liberale Demokratie westlicher Prägung eine Artikulation zweier Traditionen ist: des Liberalismus mit seiner Betonung von Freiheit und Pluralismus, und der Demokratie, die Gleichheit und Volkssouveränität postuliert. Beide Konzepte haben wichtige Vorzüge, doch letztlich sind sie miteinander unvereinbar, und die Geschichte der liberalen Demokratie war geprägt von der Spannung zwischen dem Ruf nach Freiheit und dem nach Gleichheit. Als Konsequenz der neoliberalen Hegemonie jedoch wurde die liberale Komponente so übermächtig, dass die demokratischen Werte ausgehöhlt wurden. So mancher vormals erzielte demokratische Fortschritt wurde rückgängig gemacht, und unter dem Vorwand der »Modernisierung« wurden zentrale demokratische Werte als »veraltet« abgetan.

Ohne die erheblichen Schwächen der Sozialdemokratie kleinreden zu wollen – fest steht, dass sich die Lage in den Zeiten der neoliberalen Hegemonie dramatisch verschlechtert hat. Der demokratische Wert der Gleichheit wurde abgelegt und im Diskurs des »Dritten Weges« und seiner sozialliberalen Inkarnationen durch das bequemere Konzept der »Wahlfreiheit« ersetzt. Es ist zutiefst bedauerlich, wie viele Mitte-links-Parteien bereit sind, sich mit einem Zustand zu arrangieren, der zu Recht als »postdemokratisch« beschrieben worden ist.

Es gibt jedoch Alternativen, und wir sollten die gegenwärtige Situation nicht als die endgültige Artikulation von Liberalismus und Demokratie akzeptieren. Die Erfahrungen progressiver Regierungen in Südamerika in den letzten zehn Jahren belegen, dass es möglich ist, den Neoliberalismus infrage zu stellen und demokratischen Werten wieder Priorität einzuräumen, ohne auf liberale repräsentative Institutionen zu verzichten. Und sie zeigen außerdem, dass der Staat keineswegs demokratischen Fortschritten im Weg stehen muss, sondern vielmehr ein wichtiges Vehikel für die Durchsetzung der Forderungen des Volkes sein kann.

Das in Europa und den USA jüngst zu beobachtende »Bürgererwachen« ist eine sehr ermutigende Entwicklung, weil es einen Bruch mit dem postpolitischen Konsens darstellt. Das Tabu ist gebrochen, und man kann jetzt viele Stimmen vernehmen, die die in unseren Gesellschaften existierenden Ungleichheiten kritisieren. Um die neoliberale Hegemonie allerdings wirkungsvoll anzugreifen, ist es entscheidend, die zum Vorschein gekommene Energie nicht in die falschen Bahnen zu lenken.

Meine Befürchtung ist, dass genau das passieren könnte, wenn die repräsentativen Institutionen zum zentralen Ziel der Proteste werden. In ihrer aktuellen liberaldemokratischen Form stecken die repräsentativen Institutionen unbestreitbar in einer Krise; ich glaube jedoch nicht, dass die Lösung in der Errichtung einer »nichtrepräsentativen« Demokratie liegt oder dass außerparlamentarische Anstrengungen das einzige Mittel sind, demokratische Fortschritte zu erreichen.

Die Popularität solcher Ansichten rührt daher, dass sie so gut zur in Teilen der Linken beliebten Idee passt, die Multitude könnte sich selbst organisieren, ohne zum Staat zu werden und die Macht zu übernehmen. Dass man einen solchen antipolitischen Ansatz bei Aktivisten der verschiedenen Bewegungen von Empörten antrifft, gibt Anlass zur Sorge, weil es dadurch unmöglich wird, eine angemessene Strategie für ihren Kampf zu entwickeln. Wenn die Repräsentation als das Problem angesehen wird, kann die Lösung nicht lauten, sich mit den derzeitigen Institutionen auseinanderzusetzen, um sie repräsentativer und rechenschaftspflichtiger zu gestalten; das Ziel lautet dann, sie ganz abzuschaffen. Man kann sich die Zielsetzung dieser Bewegungen als einen »Exodus« aus den bestehenden Formen der Demokratie vorstellen, mit der Begründung, die repräsentative Demokratie müsse überwunden werden, da der Versuch, die existierenden Institutionen umzugestalten, zum Scheitern verurteilt sei.

Viele, die Repräsentation ablehnen, setzen die repräsentative Demokratie mit ihrer derzeitigen »postpolitischen« Form und der aktuellen Funktionsweise des parlamentarischen Systems gleich. Sie verkennen, dass das Problem darin liegt, wie die repräsentativen Institutionen im Augenblick funktionieren und wie viele Stimmen dort nicht repräsentiert sind.

Was wir infrage stellen müssen, ist nicht die Idee der Repräsentation an sich, sondern der Mangel an Alternativen, die den Bürgern angeboten werden. Eine pluralistische demokratische Gesellschaft kann ohne Repräsentation nicht existieren. Das fängt, wie der antiessentialistische Ansatz deutlich gemacht hat, damit an, dass Identitäten niemals etwas von vornherein Gegebenes darstellen, sondern immer durch diskursive Konstruktion produziert werden; dieser Konstruktionsprozess *ist* ein Repräsentationsprozess. Kollektive politische Subjekte existieren nicht a priori, sondern werden durch Repräsentation geschaffen. Jede Geltendmachung einer politischen Identität findet daher innerhalb, nicht außerhalb des Prozesses der Repräsentation statt.

Zweitens spielen in einer demokratischen Gesellschaft, die Pluralismus nicht in einer harmonischen, antipolitischen Form anstrebt und die stets vorhandene Gefahr des Antagonismus nicht ausblendet, repräsentative Institutionen bei der Institutionalisierung dieser konflikthaften Dimension eine entscheidende Rolle, weil sie der Spaltung des Demos eine Form verleihen. Diese Rolle können sie jedoch nur ausfüllen, wenn die Möglichkeit einer agonistischen Konfrontation gegeben ist. Ist das nicht der Fall, so dient das Wahlsystem aufgrund seiner Unfähigkeit, echte Alternativen zur Wahl zu stellen, lediglich dem Zweck, die bestehende Hegemonie zu zementieren. Das zentrale Problem unseres derzeitigen postpolitischen Modells ist daher das Fehlen einer solchen agonistischen Konfrontation. Durch »horizontalistische« Praktiken, die dem Moment des Politischen aus dem Wege gehen, lässt sich dieses Problem nicht aus der Welt schaffen.

Meine Kritik am »Horizontalismus« impliziert – wie ich ausdrücklich betonen möchte – nicht, dass diese Praktiken in einer agonistischen Demokratie keine Rolle zu spielen hätten. Die Vielzahl von außerparlamentarischen Bemühungen und die mannigfaltigen Formen des Aktivismus jenseits traditioneller Institutionen sind meiner Überzeugung nach eine wertvolle Bereicherung der Demokratie. Sie können nicht nur wichtige Fragen aufwerfen und vernachlässigte Themen auf die Tagesordnung setzen, sondern auch zur Entstehung neuer Subjektivitäten führen und ein Terrain für die Kultivierung andersartiger sozialer Beziehungen darstellen. Darüber hinaus eröffnet diese Form von Aktivismus, wie ich im fünften Kapitel argumentiert habe, kritischen künstlerischen Praktiken vielfältige Möglichkeiten, agonistische Interventionsformen zu entwickeln. Die von diesen Bewegungen geschaffenen öffentlichen Räume sind oftmals ein idealer Nährboden für »künstleraktivistische« Praktiken, und sie stellen eine wichtige Dimension agonistischer Politik dar.

Ich behaupte jedoch, dass solche Praktiken kein *Ersatz* für repräsentative Institutionen sein können, und dass es notwendig ist, Synergien zwischen unterschiedlichen Interventionsformen herzustellen. Anstatt außerparlamentarische und parlamentarische Bemühungen als Gegensätze aufzufassen und sich so die Chance auf ein konzertiertes Vorgehen zu nehmen, sollte das Ziel eine gemeinsame gegenhegemoniale Offensive gegen den Neoliberalismus sein. Wenn die Protestbewegungen es ablehnen, Bündnisse mit traditionellen Kanälen einzugehen, die sie für immun gegen demokratische Umgestaltung halten, wird ihr radikales Potenzial dadurch dramatisch geschwächt.

Erstaunlicherweise werden die »horizontalistischen« Erfahrungen in Argentinien von 2001 von manchen Occupy-Aktivisten noch immer als nachahmenswertes Vorbild gefeiert. Offenbar ist ihnen entgangen, dass die demokratischen Fortschritte, die im Lauf der letzten zehn Jahre dort und anderswo in Südamerika erzielt wurden, durch eine Artikulation möglich wurden, die außerparlamentarische und parlamentarische Bemühungen miteinander verbindet. Dies sind Erfahrungen, von denen die europäische Linke lernen kann. Es ist höchste Zeit, mit der Verklärung des Spontaneismus und Horizontalismus aufzuhören.

Der Ruf nach Demokratie, der derzeit aus einer Vielzahl von Richtungen erschallt, kann nur dann dauerhafte Veränderungen hervorbringen, wenn die in diesen Bewegungen engagierten Aktivisten der Strategie des Rückzugs abschwören und sich darauf einlassen, als Teil eines progressiven »kollektiven Willens« einen »Stellungskrieg« zu führen, der auf die Radikalisierung demokratischer Institutionen und die Errichtung einer neuen Hegemonie abzielt.

1 Isabell Lorey, »Occupy – Exodus der Beliebigen aus der juridischen Demokratie«, online verfügbar unter: {http://igbildendekunst.at/bildpunkt/bildpunkt-2012/dass-etwas-geschieht/lorey.htm} (Stand Februar 2014).
2 Mary Kaldor, Sabine Selchow et al., »The ›bubbling up‹ of subterranean politics in Europe«, online verfügbar unter: {http://eprints.lse.ac.uk/44873/} (Stand Februar 2014).
3 Vgl. das »Manifest der Bewegung 15. Mai«, zitiert in: Kaldor/Selchow, »The ›bubbling up‹ of the subterranean politics in Europe«, a. a. O.
4 Mark Greif, »Occupy Wall Street a un an«, in: *Le Monde* (15. September 2012), online verfügbar unter: {http://www.lemonde.fr/idees/article/2012/09/15/occupy-wall-street-a-un-an_1760870_3232.html} (Stand Februar 2014).
5 Mark Fisher, »Indirect action: Some misgivings about horizontalism«, in: Institutional Attitudes. Instituting Art in a Flat World, herausgegeben von Pascal Gielen, Amsterdam: Valiz 2013, S. 101-116, S. 107.
6 Jason Hickel, »Liberalism and the politics of Occupy Wall Street«, in: *Anthropology of this Century* 4 (2012), online verfügbar unter: {http://eprints.lse.ac.uk/43389/} (Stand Februar 2014).
7 Wörtlich: »Wir haben ein Stimmrecht, aber keine Stimme.« (Anmerkung des Übersetzers).

Anhang

Und jetzt, Frau Mouffe?

Chantal Mouffe im Gespräch mit Elke Wagner[1]

Hegemonie und radikale Demokratie, *das Buch, das Sie gemeinsam mit Ernesto Laclau in den achtziger Jahren geschrieben haben, hatte einen großen Einfluss auf Theorien neuer sozialer Bewegungen.*[2] *In dem Buch versuchen Sie, den Marxismus neu auszubuchstabieren, um in zeitgenössische Debatten über die Natur des Politischen intervenieren zu können. Können Sie die Genese und die grundlegenden Ideen für dieses Buch kurz erläutern? Insbesondere, welche Rolle der Begriff der Hegemonie darin spielt?*
Wir hatten zwei Hauptanliegen, als wir *Hegemonie und radikale Demokratie* schrieben. Das eine war ein politisches Anliegen, das andere ein theoretisches. Die politische Intention lag darin begründet, das sozialistische Projekt zu reformulieren, um eine Antwort auf die Krise der kommunistisch und sozialistisch geprägten Linken zu geben. Diese Krise war unserer Ansicht nach zum Teil verantwortlich für die zunehmende Bedeutung neuer sozialer Bewegungen, die seit den sechziger Jahren entstanden waren und deren Charakteristika man weder mit der marxistischen Theorie noch der der radikalen Demokratie wirklich zu greifen bekam. Deshalb bestand unser theoretisches Ziel darin, einen Ansatz zu entwickeln, der es erlaubte, die besonderen Eigenschaften von Bewegungen zu verstehen, die nicht auf Klassenunterschei-

dungen basierten und deshalb nicht einfach in Begriffen ökonomischer Ausbeutung verstanden werden konnten. Wir waren überzeugt, dass die sorgfältige Diskussion der Theorie des Politischen eine Antwort auf diese Probleme erforderte. Wir versuchten, solch eine Theorie zu liefern, indem wir zwei unterschiedliche theoretische Ansätze miteinander verknüpften: die Kritik des Essentialismus, die sich aus dem Poststrukturalismus, vertreten durch Derrida, Lacan, Foucault (aber auch durch den amerikanischen Pragmatismus und Wittgenstein), ergab, und etliche wichtige Einsichten aus Gramscis Konzept der Hegemonie. Dieser theoretische Ansatz, den manche Autoren als Postmarxismus bezeichnen, wurde auch als Diskurstheorie bekannt.

Wie lauten die wichtigsten Thesen Ihres Konzepts?
Die grundlegenden Kategorien unseres Ansatzes sind erstens das Konzept des Antagonismus und zweitens das der Hegemonie. Das Konzept des Antagonismus ist absolut zentral für unsere Perspektive, weil es davon ausgeht, dass Negativität konstitutiv ist für die Ordnung des Sozialen und niemals überwunden werden kann. Die Idee des Antagonismus verdeutlicht auch die Existenz von Konflikten, für die es keine rationale Lösung gibt. Sie zielt auf ein Verständnis von Pluralismus ab, das sich sehr von demjenigen des Liberalismus unterscheidet. Es ist ein Pluralismus, der wie bei Nietzsche oder Max Weber die Unmöglichkeit der endgültigen Versöhnung aller Perspektiven impliziert. In meinem späteren Buch *Das demokratische Paradox* habe ich vorgeschlagen,[3] diese unvermeidbare Dimension des Antagonismus *the polit-*

ical zu nennen und es von *politics* zu unterscheiden, einem Begriff, der auf die Mannigfaltigkeit von Praktiken verweist, mit denen menschliches Zusammenleben organisiert wird. Das zweite wichtige Konzept ist dasjenige der Hegemonie. Antagonismus und Hegemonie sind für uns zwei zentrale Bestandteile politischer Theorie. Sie sind auf folgende Weise miteinander verknüpft: Begreift man das Politische als die immerwährende Möglichkeit des Antagonismus, so erfordert dies, damit zurechtzukommen, daß man ohne einen gemeinsamen Ursprung auskommen und die Dimension der Unentscheidbarkeit und der Kontingenz anerkennen muss, die jede Ordnung ausmacht. In unserem Vokabular bezeichnet das jedoch auch unsere Überzeugung, dass jede Form sozialer Ordnung hegemonialer Natur ist. Wenn man von Hegemonie ausgeht, bedeutet dies, dass jede soziale Ordnung eine kontingente Artikulation von Machtverhältnissen ist und keinen gemeinsamen Ursprung hat. Gesellschaft ist immer das Produkt einer Aneinanderreihung von Praktiken, über die versucht wird, eine bestimmte Ordnung in einem kontingenten Kontext herzustellen. Diese Praktiken nennen wir hegemoniale Praktiken. Es könnte immer auch anders sein. Jede Form der Ordnung gründet auf dem Ausschluss anderer Möglichkeiten, sie ist immer Ausdruck partikularer Konfigurationen und Machtverhältnisse. In diesem Sinne ist jede Ordnung eine politische Ordnung. Sie könnte nicht existieren ohne die Machtbeziehungen, die ihr ihre Form geben. Dieser theoretische Ausgangspunkt hat entscheidende Implikationen für die politische Praxis. Heutzutage wird oftmals angenommen, dass die neoliberale Globalisierung ein

Schicksal ist, das hingenommen werden muss. Erinnern Sie sich, wie oft Margaret Thatcher erklärte: »There is no alternative« – es gibt keine Alternative. Und unglücklicherweise haben viele Sozialdemokraten diese Sicht akzeptiert. Sie glauben nun, sie könnten nichts anderes tun, als diese als sozusagen »natürliche« Ordnung angenommene Globalisierung auf menschlichere Weise zu verwalten. Unserem Ansatz nach ist es hingegen klar, dass jede Ordnung eine *politische* ist. Der aktuelle Status der Globalisierung, weit entfernt davon, *natürlich* gegeben zu sein, ist das Ergebnis einer neoliberalen Hegemonie und durch spezifische Machtverhältnisse strukturiert. Das bedeutet jedoch, dass er herausgefordert und verändert werden kann, dass Alternativen tatsächlich vorhanden sind. Wie Sie sehen, ist dieses Konzept einer hegemonialen Konfiguration entscheidend dafür, wie man politisch agiert. Es geht davon aus, dass man Bestehendes immer politisch ändern kann, dass man immer in Machtbeziehungen eingreifen kann, um sie zu verändern.

Welche Alternativen zur aktuellen hegemonialen Ordnung ergeben sich aus diesem Ansatz?

Wichtig ist zunächst, die Annahme infrage zu stellen, dass es eine natürlich gegebene Ordnung gibt, die aus objektiv gegebenen Kräften resultiert – seien es die Produktionskräfte, die Gesetze der Geschichte oder die Entwicklung des Geistes. Wir können davon ausgehen – um den Slogan der Antiglobalisierungsbewegung zu benutzen –, dass *eine andere Welt möglich ist*. In der Tat sind im Sinne unseres Ansatzes andere Welten immer möglich. Wir sollten niemals akzeptieren, dass Bestehendes nicht verändert werden kann. Es gibt immer Alternativen, die von der herrschenden Hegemonie ausgeschlossen wurden. Diese Alternativen können jedoch jederzeit wieder ins Spiel gebracht werden. Genau um diesen Punkt zu verstehen, braucht man eine Theorie der Hegemonie. Jede hegemoniale Ordnung kann durch *gegen*hegemoniale Praxen herausgefordert werden, die versuchen die bestehende Ordnung zu zergliedern, um eine andere Form der Hegemonie zu etablieren. Sie sehen sicherlich, dass solch eine These sehr wichtige Implikationen hat für die Art und Weise, in der wir die Ziele emanzipatorischer Politik beobachten. Wenn die politische Auseinandersetzung immer eine Konfrontation zwischen verschiedenen hegemonialen Praxen und Projekten ist, bedeutet dies, dass es keinen Punkt gibt, an dem man behaupten könnte, dass diese Konfrontation aufhören sollte, weil eine perfekte Demokratie erreicht sei. Deshalb haben wir in *Hegemonie und radikale Demokratie* das Projekt der Linken in Begriffen einer radikalen und pluralen Demokratie reformuliert und darauf insistiert, dass diese als endloser Prozess betrachtet werden muss. Wofür wir eintreten, ist eine Radikalisierung bestehender demokratischer Institutionen, um die Prinzipien der Freiheit und Gleichheit wieder stärker wirksam werden zu lassen. Unser Ziel war es, wie ich bereits angedeutet habe, den Forderungen der neuen sozialen Bewegungen gerecht zu werden. Aus unserer Sicht stand die Linke vor der Herausforderung, neue Möglichkeiten der Artikulation für die Forderungen von Feministinnen, Antirassisten, der Schwulen- und der Umweltbewegung anzubieten. Vor diesem Hintergrund wurde die Idee der »Äquivalenzketten« zu einem anderen wichtigen Konzept in *Hegemonie und radikale Demokratie*. Gegen die Vorstellung der »totalen Separierung«, die von manchen postmodernen Theoretikern vertreten wurde, erklärten wir, dass es für die Linke wichtig ist, eine Äquivalenzkette zwischen all jenen verschiedenen Kämpfen zu etablieren. Wenn z. B. die Arbeiter ihre Forderungen aufstellten, dann sollten sie auch den Anliegen der Schwarzen, der Migranten, der Feministinnen Rechnung tragen. Dies erforderte natürlich, dass die Feministinnen ihre Anliegen nicht ausschließlich unter Gendergesichtspunkten formulierten, sondern auch die Forderungen anderer Gruppierungen berücksichtigten, um eine Äquivalenzkette zwischen verschiedenen demokratischen Kämpfen zu konstituieren. Das Ziel der Linken sollte unserer Ansicht nach darin bestehen, einen kollektiven Willen aller demokratischen Kräfte zu kreieren, um eine Radikalisierung der Demokratie zu befördern und eine neue Hegemonie zu etablieren.

Ich möchte noch eine weitere wichtige Dimension dieses Projektes der radikalen Demokratie verdeutlichen. Es ist die Idee, mit dem Glauben zu brechen, dass es in fortgeschrittenen westlichen demokratischen Gesellschaften nötig ist, die liberal-demokratische Ordnung zu zerstören und eine von Grund auf neue Ordnung aufzubauen, um eine gerechtere Gesellschaft zu erreichen. An diesem Punkt haben wir das traditionelle leninistisch-revolutionäre Modell kritisiert und erklärt, dass in einer modernen, pluralistischen Demokratie weitreichende demokratische Fortschritte durch eine immanente Kritik bestehender Institutionen erzielt werden können.

Das Problem moderner demokratischer Gesellschaften besteht unserer Ansicht nach nicht in ihren ethischen Prinzipien der Freiheit und Gleichheit, sondern in der Tatsache, dass diese Prinzipien praktisch nicht wirksam werden. Deshalb sollte es in solchen Gesellschaften die Strategie der Linken sein, sich für die Stärkung dieser Prinzipien einzusetzen, und dies erfordert keinen radikalen Bruch, sondern das, was Gramsci »Stellungskrieg« nennt, eine Auseinandersetzung also, die zur Erzeugung einer neuen Hegemonie führt.

In ihren jüngsten Arbeiten versuchen Sie, Ihre eigene Position nicht nur in kritischer Auseinandersetzung mit Negri und Hardt herauszuarbeiten. Sie liefern auch eine kritische Analyse einiger namhafter liberaler Theorien des Politischen. Können Sie dies näher ausführen?

Nachdem wir *Hegemonie und radikale Demokratie* geschrieben und die Erklärungsdefizite des Marxismus herausgearbeitet haben, wollte ich zeigen, dass die Lösung nicht im Liberalismus gefunden werden konnte, weil dieser auch nicht über eine Theorie des Politischen verfügt. Deshalb habe ich verschiedene liberale Konzeptionen diskutiert, insbesondere diejenige von John Rawls, die zu jener Zeit die bedeutsamste war. Aus meiner Sicht gab es zwei Gründe, warum die liberale Theorie die Natur des Politischen nicht richtig begreifen konnte: erstens wegen ihrer Auffassung von Rationalismus, zweitens wegen ihrer Annahme des Individualismus. Rationalismus und der Glaube an die Erreichbarkeit eines vernünftigen Konsenses standen der Anerkennung der immerwährenden Möglichkeit von Antagonismen entgegen. Und der

Individualismus erlaubte es nicht, die Herstellungsweisen politischer Identitäten, die immer kollektive Identitäten im Sinne einer Wir/Sie-Beziehung sind, zu fassen. Zudem erlaubten es der Rationalismus und der Individualismus der herrschenden liberalen Auffassung nicht, die entscheidende Bedeutung von Leidenschaften für das Politische zu verstehen. Nehmen wir zum Beispiel den Nationalismus. Es ist klar, dass der Einfluss des Nationalismus nicht verstanden werden kann, ohne zu begreifen, wie kollektive Identitäten über die Mobilisierung von Affekten und Begierden erzeugt werden. Und deshalb hat sich der Liberalismus immer so schwergetan, den verschiedenen Erscheinungsformen des Nationalismus zu begegnen. Liberale sehen alles, was eine kollektive Dimension beinhaltet, als archaisch an, als etwas Irrationales, das es in modernen Gesellschaften nicht mehr geben sollte. Es ist kein Wunder, dass sie unter diesen theoretischen Prämissen blind bleiben für die Dynamik des Politischen.

Und Sie sind im Rahmen dieser Diskussion auf das Werk von Carl Schmitt aufmerksam geworden?
In der Tat hatte ich im Rahmen dieser Auseinandersetzung das Gefühl, dass die Kritik, die Schmitt am Liberalismus übt, sehr überzeugend ist. Ich war auch überrascht davon, wie treffend die Liberalismuskritik, die Schmitt in den zwanziger Jahren in *Der Begriff des Politischen* vorbrachte, die spätere Entwicklung des liberalen Gedankenguts beschrieb.[4] Er bestreitet, dass der Liberalismus das Politische begreifen kann. Wenn der Liberalismus das Politische beschreiben will, greift er entweder auf das Vo-

kabular der Ökonomie oder dasjenige der Ethik zurück. Das passt perfekt zu den zwei Modellen demokratischer Politik, die derzeit die politische Theorie bestimmen: das *aggregative Modell* auf der einen Seite und das *deliberative Modell* auf der anderen. Das *aggregative Modell* beschreibt das Politische hauptsächlich in ökonomischen Begrifflichkeiten. In Reaktion auf dieses Modell haben Rawls und Habermas ihr alternatives Konzept einer deliberativen Demokratie entwickelt. Das deliberative Modell greift auf ethische oder moralische Ansätze zurück, um das Politische zu beschreiben, aber es liefert keine Theorie des Politischen. Ich möchte betonen, dass ich, obwohl ich mit Schmitts Kritik am Liberalismus übereinstimme, ein anderes Ziel verfolge. Während Schmitt das Konzept einer liberalen, pluralistischen Demokratie für eine nicht realisierbare Regierungsform hielt, weil er felsenfest davon überzeugt war, dass sich Liberalismus und Demokratie gegenseitig ausschließen, war ein zentrales Anliegen meiner Arbeit, eine Auffassung pluralistischer Demokratie zu liefern, die die politische Dimension wieder aufnimmt. Deshalb stellte Schmitts Arbeit für mich eine wirkliche Herausforderung dar – wie der Titel eines meiner Artikel zeigt, habe ich versucht, *mit Schmitt gegen Schmitt* zu denken. Meine Antwort auf Schmitt ist ein agonistisches Konzept von Demokratie, bei dem ich zwischen *Antagonismus* und *Agonismus* unterscheide. Mit Schmitt gehe ich von einer antagonistischen Dimension des Politischen aus, d. h. der Dauerhaftigkeit von Konflikten, die keiner rationalen Lösung zugeführt werden können. Die Freund/Feind-Unterscheidung zielt auf eine Negation ab, die nicht dialektisch überwunden werden kann. Dieser antagonistische Konflikt kann aber verschiedene Formen annehmen. Er kann sich in Form eines echten Antagonismus ausdrücken im Sinne der schmittschen Unterscheidung von Freund und Feind. Schmitt hat natürlich Recht, dass solch ein Antagonismus nicht innerhalb einer politischen Gesellschaft befriedet werden kann. Dies würde zur Zerstörung der politischen Gemeinschaft führen. Der Antagonismus kann sich aber auch auf eine andere Weise ausdrücken. Ich habe hierfür den Ausdruck Agonismus vorgeschlagen. Der Unterschied liegt darin, dass wir es im Falle des Agonismus nicht mit einer Freund/Feind-Beziehung zu tun haben, sondern mit Gegnern, die auch die Legitimität der gegnerischen Forderungen anerkennen. Obwohl sie wissen, dass es keine rationale Lösung für ihren Konflikt gibt, akzeptieren Gegner dennoch eine Reihe von Regeln, die ihren Konflikt regulieren. Was zwischen Gegnern besteht, ist sozusagen ein konflikthafter Konsens. Sie stimmen über die grundsätzlichen ethischen und politischen Prinzipien überein, die ihre politische Gemeinschaft ausmachen, widersprechen sich aber im Hinblick auf deren inhaltliche Auslegung. Indem ich zwischen einem wirklichen Antagonismus und Agonismus unterscheide, kann ich von einem unüberwindbaren Antagonismus ausgehen, ohne das Konzept einer pluralistischen demokratischen Ordnung aufgeben zu müssen. Ich gehe sogar noch weiter, denn ich nehme nicht nur an, dass der agonistische Kampf mit Demokratie vereinbar ist, sondern auch, dass solch ein Kampf genau das ist, was eine pluralistische, demokratische Politik ausmacht. Und deshalb konzipiere ich das agonistische Modell der Demokratie als eine Alternative zu aggregativen und deliberativen Modellen. Meiner Ansicht nach liegt der Vorteil dieses Modells darin, in der Anerkennung der Bedeutung von Leidenschaften für die Erzeugung kollektiver Identitäten, ein besseres Verständnis für die Dynamik demokratischer Politik zu liefern, eines, das die Notwendigkeit anerkennt, unterschiedliche Formen kollektiver Identifikation neben klar definierten Alternativen anzubieten.

Wie kann solch eine Äquivalenzkette zwischen unterschiedlichen politischen Bewegungen heute hergestellt werden? Welche Rolle kommt den Gewerkschaften oder den etablierten politischen Parteien dabei zu?

Bedauerlicherweise ist die Situation heute in Bezug auf die Möglichkeit der demokratischen Radikalisierung weitaus weniger günstig als zu der Zeit vor dreißig Jahren, in der wir unser Buch schrieben. Die Notwendigkeit einer Äquivalenzkette bleibt die zentrale Aufgabe für ein linkes Projekt, aber das Terrain wurde durch den Neoliberalismus tiefgreifend verändert. Zu Beginn der achtziger Jahre war der sozialdemokratische Commonsense immer noch weit verbreitet. Wir waren kritisch in Bezug auf die Unzulänglichkeiten der sozialdemokratischen Parteien und wir vertraten eine Radikalisierung demokratischer Politik. Aber dass die Fortschritte, die die Sozialdemokratie ja durchaus erzielt hatte, sich als so fragil erweisen würden, hätte damals niemand von uns gedacht. Doch seither haben sich die Dinge drastisch verändert. Durch die Politik von Reagan und Thatcher begann der Neoliberalismus seinen erfolgreichen Feldzug und hat seitdem weltweit große Erfolge erzielt. In Großbritannien gelang es dem »Thatcherismus«, die sozialdemokratische Hegemonie zu beseitigen und eine neoliberale zu implementieren, die immer noch wirksam ist. Wir befinden uns aktuell in einer Situation, in der wir verpflichtet sind, die Basisinstitutionen des Wohlfahrtsstaates, die wir früher als undemokratisch kritisiert haben, verteidigen zu müssen. Neuerdings geraten im Zuge des Kampfes gegen den Terrorismus sogar Bürgerrechte, die das Mark einer demokratischen Ordnung ausmachen, unter Beschuss. Anstatt für eine Radikalisierung der Demokratie zu kämpfen, sind wir gezwungen, gegen eine weitere Zerstörung der grundlegenden demokratischen Institutionen zu kämpfen. Was tun? Aus meiner Sicht muss eine gemeinsame Front aller fortschrittlichen Kräfte etabliert werden, und es ist wichtig, dass alle zivilgesellschaftlichen Bewegungen, wie sie etwa von Attac oder dem Weltsozialforum organisiert werden, mit den fortschrittlichen politischen Parteien und den Gewerkschaften zusammenarbeiten. Eine gewaltige Äquivalenzkette ist erforderlich, um die institutionalisierten Vermittler zu etablieren, die zur Herausforderung der hegemonialen Ordnung notwendig sind. Was mich ängstigt, sind die Widerstände vieler sozialer Bewegungen gegen die Zusammenarbeit mit etablierten politischen Institutionen. Ich war selbst involviert in die globalisierungskritische Bewegung und wichtige Bereiche innerhalb dieser Bewegung haben eine extreme Abneigung gegenüber etablierten Organisationen. Sie sind beeinflusst von den Ideen Michael Hardts und Antonio Negris, die in *Empire* und *Multitude* behaupten,[5] zivilgesellschaftliche Bewegungen müssten ein Engagement innerhalb institutionalisierter Politikformen vermeiden. Sie sehen diese als »molar« an (ein Begriff von Deleuze und Guattari), Institutionen seien »machines of capture«, und gehen daher davon aus, dass der entscheidende Kampf auf der »molekularen« Ebene der Mikropolitiken stattfindet. Entsprechend der Perspektive von Hardt und Negri bringen die Widersprüche des Empires selbst seinen Niedergang hervor und führen zum Sieg der Multitude. Tatsächlich reproduzieren sie damit, wenn auch mit einem anderen Vokabular, den marxistischen Determinismus der Zweiten Internationale, dem zufolge der Widerspruch zwischen den Produktionskräften von selbst zum Zusammenbruch des Kapitalismus und zum Sieg des Sozialismus führt. Nichts muss unternommen werden, man muss einfach nur das Ende des Kapitalismus abwarten. Die Perspektive von *Empire* ist ähnlich – wenn auch angepasst an die neuen Bedingungen: Es ist jetzt die immaterielle Arbeit, die die entscheidende Rolle spielt, und das revolutionäre Subjekt ist nicht mehr das Proletariat, sondern die Multitude. Aber es ist die gleiche deterministische Herangehensweise. Deshalb lehnen sie die Idee ab, dass es wichtig ist, irgendeine Form politischer Einheit unter den verschiedenen Bewegungen zu etablieren. Die für mich entscheidende politische Frage wird von ihnen nie gestellt: Wie wird die Multitude zum politischen Subjekt? Sie nehmen wahr, dass die Bewegungen unterschiedliche Ziele verfolgen, aber für sie stellt es kein Problem dar, wie diese Unterschiede artikulierbar werden. Tatsächlich sind ihrer Ansicht nach die Kämpfe gerade deshalb besonders radikal, weil sie eben nicht konvergieren; jeder einzelne Kampf zielt direkt auf das Zentrum des Empire. Ich glaube, dass dieser Ansatz auf verschiedenen Ebenen der globalisierungskritischen Bewegung einen negativen Einfluss gehabt hat, weil er dazu geführt hat, dass das entscheidende politische Problem ausgeblendet wird: Wie kann man sich über alle Differenzen hinweg organisieren, um eine Äquivalenzkette zwischen den verschiedenen Kämpfen zu erzeugen?

Worin bestehen für Sie die Unterschiede zwischen Ihrer Auffassung des Politischen und dem Konzept einer kosmopolitischen Zweiten Moderne, das von Ulrich Beck, aber auch von Anthony Giddens vertreten wird?
Entsprechend meinem agonistischen Modell ist es klar, dass demokratische Politik parteiisch sein muss, und aus diesem Grund schätze ich die Perspektiven von Ulrich Beck und Anthony Giddens sehr kritisch ein, wenn sie behaupten, dass das gegnerische Modell des Politischen obsolet geworden sei und wir *jenseits von Links und Rechts* denken müssten. Für mich ist das gegnerische Modell konstitutiv für demokratische Politik. Natürlich sollten wir die Opposition von Links und Rechts nicht als eine essentialistische ansehen. Diese Begrifflichkeiten müssen, den jeweiligen historischen Zeiträumen und Kontexten entsprechend, neu definiert werden. Was wirklich auf dem Spiel steht, ist die Zurkenntnisnahme der gesellschaftlichen Spaltung und die Existenz antagonistischer Konflikte, die nicht durch rational angelegte Verfahren des Dialogs überwunden werden können. Ich will natürlich nicht leugnen, dass wir in den vergangenen Jahren die zunehmende Auflösung der Grenzen zwischen Links und Rechts erfahren haben. Während aber Beck

und Giddens dies als ein Zeichen für den Fortschritt der Demokratie ansehen, bin ich davon überzeugt, dass dies eine Entwicklung ist, die so nicht notwendig geschehen musste und die umgekehrt werden kann. Meiner Ansicht nach muss man ihr entgegenwirken, weil sie demokratische Institutionen gefährdet. Die Konsequenz der Auflösung grundlegender Unterschiede zwischen demokratischen Parteien der gemäßigten Linken und der gemäßigten Rechten ist es, dass die Menschen ihr Interesse an der Politik verlieren. Dies bezeugt die beunruhigende Abnahme der Wahlbeteiligung. Dahinter steht der Umstand, dass die meisten sozialdemokratischen Parteien sich so weit der Mitte angenähert haben, dass sie nicht mehr dazu in der Lage sind, Alternativen zur bestehenden Hegemonie anzubieten. Es ist kein Wunder, dass die Menschen das Interesse an der Politik verloren haben. Eine lebendige demokratische Politik muss den Menschen eine echte Wahl ermöglichen. Demokratische Politik muss parteiisch sein. Um in Politik involviert zu werden, müssen die Bürger das Gefühl haben, dass echte Alternativen zur Wahl stehen. Die aktuelle Unzulänglichkeit demokratischer Parteien ist schlecht für die demokratische Politik. In verschiedenen Ländern hat sie zu dem Aufkommen rechter populistischer Parteien geführt, die sich als die Einzigen darstellen, denen es gelingt, Alternativen anzubieten und denjenigen, die von den etablierten Parteien enttäuscht wurden, eine Stimme zu verleihen. Erinnern Sie sich, was 2002 in Frankreich passierte, in der ersten Abstimmungsrunde der Präsidentschaftswahlen. Le Pen, der Vorsitzende der Front National, wurde Zweiter und hat den sozialistischen Kandidaten Lionel

Jospin ausgestochen. Offen gesagt: Ich war geschockt, aber nicht wirklich überrascht, weil ich und meine Studenten während der Kampagne im Spaß gesagt hatten, dass der Unterschied zwischen Chirac und Jospin ungefähr so groß ist wie der zwischen Coca-Cola und Pepsi. Tatsächlich hat Jospin darauf gedrungen, dass sein Programm kein sozialistisches ist, und die Konsequenz war, dass viele Leute sich nicht dazu durchringen konnten, ihn in der ersten Abstimmungsrunde zu wählen. Andererseits waren viele verärgerte Wähler motiviert, Le Pen zu wählen, dem es dank seiner erfolgreichen demagogischen Rhetorik gelungen war, sie gegen die von ihnen als verantwortungslos wahrgenommenen Eliten zu mobilisieren. Die aktuelle Freude über die Politik des Konsenses der Mitte beunruhigt mich wirklich, weil ich sehr stark spüre, dass solch ein postpolitischer Zeitgeist[6] einen fruchtbaren Boden für das Aufkommen des rechten Populismus bereitet.

Sie haben sich in diesem Zusammenhang auch mit der wachsenden Tendenz einer Moralisierung des Politischen auseinandergesetzt, durch die die Unterscheidung von Rechts und Links durch die von Gut und Böse ersetzt wurde. Können Sie das näher erläutern?

Bevor ich auf Ihre Frage antworte, würde ich gerne eine weitere Konsequenz der Auflösung der Opposition von Links und Rechts ansprechen. Wenn demokratische Politik keine Möglichkeit der Identifikation mit kollektiven politischen Identitäten anbietet, entsteht daraus in der Wählerschaft die Tendenz, sich nach anderen Quellen der kollektiven Identifikation umzusehen. Dies hat sich etwa gezeigt in der wachsenden Bedeutung religiöser Formen der Identifikation, insbesondere unter muslimischen Migranten. Viele soziologische Studien in Frankreich haben gezeigt, dass der Niedergang der kommunistischen Partei insbesondere unter weniger gebildeten Arbeitern begleitet war von einer Zunahme der Bedeutung von religiösen Formen der Mitgliedschaft. Religion scheint nun die Parteien im Hinblick auf die Erfüllung des Bedürfnisses, einer Gemeinschaft anzugehören, zu ersetzen. In anderen Zusammenhängen hat das Fehlen kollektiver Identifikationsmöglichkeiten über politische Identitäten im Sinne der Unterscheidung von Links und Rechts zur Ersetzung durch regionale oder nationale Formen der Identifikation geführt. Aus meiner Sicht schaden diese Phänomene der Demokratie, weil solche Formen der Identität keine tragfähige Grundlage für politische Debatten darstellen, die ich in Abgrenzung zu Carl Schmitt *agonistisch* nenne. Der Unterschied zu dem *antagonistischen* Konzept von Carl Schmitt besteht darin, dass wir es im Falle des *Agonismus* nicht mit einer unversöhnlichen Freund/Feind-Unterscheidung zu tun haben, wie es Schmitt vorschlägt, sondern mit einer zwischen Gegnern, die die Legitimität der Forderungen ihrer Opponenten grundsätzlich anerkennen. Ich denke, dass es ein schwerer Fehler ist, zu glauben, dass wir jetzt einen Status erreicht haben, in dem der Individualismus so weit verbreitet ist, dass das Bedürfnis nach kollektiven Formen der Identifikation nicht mehr besteht. Die Unterscheidung von *wir* und *sie* ist konstitutiv für Gesellschaften, und demokratische Politik muss die Diskurse, die Praktiken und die

Institutionen anbieten, die es erlauben, diese politisch herzustellen.

Um jetzt zu Ihrer Frage über die Moralisierung des Politischen zu kommen: Ich gehe nicht davon aus, dass die Schwächung des politischen Diskurses, der ursprünglich Identitäten im Sinne der Unterscheidung von Links und Rechts hervorgebracht hat, notwendigerweise das Ende aller Wir/Sie-Unterscheidungen bedeutet. Diese Unterscheidung ist immer noch überaus aktuell, auch wenn an dieser Stelle heute ein Vokabular von Richtig und Falsch bzw. Gut und Böse etabliert wird. Das zeigt, dass das Modell der politischen Gegnerschaft noch immer besteht. Der Unterschied liegt jedoch darin, dass das Politische ins moralische Register verlagert wurde, indem die Begriffe gut und böse benutzt werden, um zwischen den »guten Demokraten« und den »Bösen« zu unterscheiden. Sehen kann man das zum Beispiel an den Reaktionen auf das Erstarken des Rechtspopulismus. Dabei wurde die politische Auseinandersetzung durch moralische Verurteilung ersetzt. Anstatt zu versuchen, die Gründe für ihren Erfolg zu verstehen, haben die »guten« demokratischen Parteien sich oft darauf beschränkt, einen *cordon sanitaire*, also eine Art Sicherheitsgürtel auszurufen, um sich gegen die Wiederkehr der »braunen Pest« zu wehren. Ein weiteres Beispiel für die Moralisierung des Politischen kann in der Politik von George W. Bush gesehen werden, wenn dieser »uns« als »Zivilisierte« den »barbarischen Anderen« gegenüberstellt. Wird ein politischer Antagonismus auf diese Weise hergestellt, nenne ich dies Moralisierung des Politischen. Wir können dies heutzutage in unterschiedlichen Bereichen beobachten: Die Unfähigkeit, gesellschaftliche Probleme politisch auszudrücken und politische Lösungen anzustreben, führt dazu, dass eine zunehmende Zahl von Themen moralisch gefasst wird. Das ist natürlich abträglich für Demokratien, denn wenn sich die Opponenten nicht politisch, sondern moralisch definieren, können sie nicht mehr als Gegner, sondern nur mehr als Feinde betrachtet werden. Mit den Bösen ist keine *agonistische* Debatte möglich, sie müssen beseitigt werden.

Welche Bedeutung spielen die Massenmedien im Hinblick auf die Moralisierung des Politischen? Ist die Moralisierung von Themen nicht eine typische massenmediale Form der Erzählung? Und sind nicht nahezu alle politischen Auseinandersetzungen heutzutage massenmedial vermittelt, was wiederum auf eine Veränderung der Formate politischer Debatten und der Konstitution politischer Konzepte der Person schließen lassen könnte?
Natürlich spielen die Medien eine wichtige Rolle, denn sie stellen einen Bereich dar, in dem die Erzeugung politischer Subjektivität stattfindet. Aber ich denke, es wäre ein Fehler, sie als den Hauptübeltäter anzusehen und sie dafür zu beschuldigen, der Ursprung der Unfähigkeit der Linken zu sein, politisch zu agieren. Die Medien sind grundsätzlich ein Spiegel der Gesellschaft. Würde eine *agonistische* Debatte stattfinden, würden sie sie wiedergeben. Zweifellos ist es ein Problem, dass ein Großteil der Medien durch neoliberale Kräfte kontrolliert wird. Dennoch sind diese längst nicht so mächtig, wie man oft glaubt. Das »Nein« im Referendum über die Europäische Verfassung in Frankreich und in den Niederlanden

zeigt, dass sie ihre Meinung nicht gegen ein breites öffentliches Bündnis durchsetzen können – in beiden Ländern befürworteten die marktbeherrschenden Medien die EU-Verfassung. Ein weiteres Beispiel liefert die Niederlage Berlusconis in Italien trotz seines großen Einflusses auf die Medien.[7] Anstatt sich über den Einfluss der Medien zu beklagen, sollte die Linke sie als einen Schauplatz ansehen, auf dem der hegemoniale Kampf ausgefochten werden kann. Mit dem Aufkommen der neuen Medien eröffnen sich vielfältige Möglichkeiten, unmittelbar einzuschreiten und *agonistische* Strategien zu entwickeln. Deshalb bin ich davon überzeugt, dass man viel von den Erfahrungen des sogenannten *artistic activism* lernen kann. In den Vereinigten Staaten der achtziger Jahre griffen viele, die sich mit dem Thema Aids befassten und aus dem Umfeld der Initiative Act up kamen, die Marketingstrategien der Werbung für ihre gesellschaftskritischen Zwecke auf. Sie waren die ersten plakativ visualisierten kritischen Projekte, deren Ziel es war, ein Bewusstsein für die politischen Aspekte des Themas Aids herzustellen: Rassismus, Homophobie und die Macht der Pharmaindustrie. Ihre Strategie war die einer subversiven Wiederaneignung der dominanten Kommunikationsformen. In New York benutzte etwa das Gran Fury Collective die Marketingästhetik, um Bilder und Slogans mit einem sehr kritischen Gehalt zu vermitteln. Eines ihrer Projekte, das Busplakat »Kissing Doesn't Kill« aus dem Jahr 1989, war wie eine Werbung von Benetton aufgemacht. Zu sehen waren drei Paare: hetero, lesbisch und schwul, unterschiedliche Hautfarbe, dazu die Botschaft »Kissing doesn't kill: Greed and indifference do«.[8] Heutzutage finden sich zahlreiche weitere Beispiele für kreative Mediennutzung im politischen Kampf gegen die neoliberale Hegemonie. Besonders interessant ist die Strategie der »Identitätskorrektur« oder »identity correction«, die die Yes Men entwickelt haben. Die Yes Men geben sich als Repräsentanten internationaler oder multinationaler Konzerne aus, um die verborgene, dunkle Seite ihrer Machenschaften aufzudecken. Die Macht der Medien anzuerkennen bedeutet also, sich der vielfältigen Möglichkeiten zu ihrer Wiederaneignung bewusst zu werden. Was der Linken fehlt, ist mehr Phantasie in ihrem Gebrauch der Medien, um diese in einen Schauplatz *agonistischer* Konfrontation zu verwandeln.

Welche aktuellen Formen der politischen Praxis sind für Ihre Arbeit interessant? Welche Themen und Bewegungen beeinflussen Ihre Auffassung des Politischen?
Die wichtigste Herausforderung der Linken ist es heute, eine Alternative zum Neoliberalismus zu denken. Weltweit widmen sich viele Aktivisten und Theoretiker dieser Aufgabe. In Lateinamerika etwa gibt es große Fortschritte in dieser Richtung. Auch unter Berücksichtigung der globalen Dimensionen solch eines Unternehmens und der Notwendigkeit enger Formen der Solidarität bin ich überzeugt davon, dass die Probleme entsprechend der regionalen Besonderheiten benannt und in Angriff genommen werden müssen. Damit will ich nicht leugnen, dass manche Probleme, z. B. der Klimawandel und die ökologische Frage, nur auf globaler Ebene in Angriff genommen werden können. Aber ich denke, es ist ein Fehler, nur auf die globale Dimension abzustellen und die Rea-

lität pluraler Lebensformen zu ignorieren. Hier stimme ich mit Carl Schmitt überein, dass die Welt ein *Pluriversum* ist, kein *Universum*. Ich glaube nicht an die Existenz einer einzig möglichen Form der Demokratie, die uns die einzig legitime und universell akzeptable Antwort gibt. Es gibt viele Möglichkeiten, wie die demokratische Idee in verschiedenen Kontexten umgesetzt werden kann. Ansätze, die in Europa verfolgt werden, müssen nicht für alle Erdteile richtig sein. Es nützt also nichts, so zu tun, als könne man globale Lösungen anbieten, vielmehr liegt der entscheidende Beitrag im Kampf für Demokratie darin, die Probleme, denen sich unsere Gesellschaften gegenübersehen, direkt anzusprechen. Im heutigen Europa sollte unser Hauptaugenmerk darauf liegen, die Links-rechts-Konfrontation wieder zu beleben und Bedingungen für eine *agonistische* Demokratie zu schaffen. Ich glaube fest daran, dass dies nur auf europäischer Ebene geschehen kann. Deshalb sollte die europäische Dimension das Herzstück linker Politik sein. Die unterschiedlichen europäischen Gruppierungen der Linken sollten sich verbünden, um gemeinsam für die Herstellung eines starken politischen Europa zu arbeiten, das eine Alternative zur neoliberalen Politik und ein anderes Gesellschaftsmodell offerieren könnte. Viele unserer aktuellen Probleme resultieren aus der Tatsache, dass wir seit dem Zusammenbruch der Sowjetunion in einer unipolaren Welt leben, unter der unangefochtenen Vorherrschaft der Vereinigten Staaten. Diese versuchen, ihr Modell weltweit durchzusetzen, und bezichtigen alle, die diesem Modell widersprechen, »Feinde der Zivilisation« zu sein. In meinem Buch *Über das Politische* erläutere ich,[9] dass man den aktuell zu beobachtenden Anstieg gewalttätiger Formen des Widerstands auf den Mangel an Möglichkeiten zurückführen kann, sich der amerikanischen Hegemonie auf legitime Weise zu widersetzen. Gegen die Autoren, die behaupten, die Lösung unserer misslichen Lage läge in der Etablierung der kosmopolitischen Demokratie – aus meiner Sicht ist das eine antipolitische Illusion –, bin ich überzeugt davon, dass es notwendig ist, eine multipolare Welt zu entwerfen. Deshalb ist es für Europa ganz entscheidend, ein *politisches* Europa zu werden, ein regionaler Pol, der wirklich eine wichtige Rolle neben den anderen regionalen Polen spielen kann, etwa neben China und Indien. Es besteht wirklich der Bedarf nach einem Europa, das in der Lage ist, unabhängig von den Vereinigten Staaten zu handeln, und das in vielen Bereichen eine führende Rolle übernimmt. Es ist höchste Zeit, dass die Linken damit aufhören, in der Europäischen Union das Trojanische Pferd des Neoliberalismus zu sehen. Sie müssen beginnen, Europa als politisches Projekt auszuarbeiten.

Anmerkungen

1 Dieses Interview mit Chantal Mouffe erschien ursprünglich in: *Und jetzt? Politik, Protest und Propaganda*, herausgegeben von Heinrich Geiselberger, Frankfurt am Main: Suhrkamp 2007, S. 105-127. Der Band, der einen Überblick über aktuelle Formen des Protests gibt, enthält auch einen ausführlichen Beitrag über die Yes Men, die Mouffe im Interview und im Haupttext anspricht (Anmerkung des deutschen Verlags).

2 Ernesto Laclau/Chantal Mouffe, *Hegemonie und radikale Demokratie. Zur Dekonstruktion des Marxismus*, Wien: Passagen Verlag 1991 [1985].
3 Chantal Mouffe, *Das demokratische Paradox*, Wien: Turia & Kant 2008 [2000].
4 Carl Schmitt, *Der Begriff des Politischen*, Berlin: Duncker & Humblot 1996 [1927].
5 Michael Hardt/Antonio Negri, *Empire. Die neue Weltordnung*, Frankfurt am Main u. a.: Campus 2002 [2000], dies., *Multitude. Krieg und Demokratie im Empire*, Frankfurt am Main u. a.: Campus 2004.
6 Deutsch im Original.
7 Silvio Berlusconi, bereits 1994 und dann wieder ab 2001 italienischer Ministerpräsident, musste im Mai 2006 zurücktreten, nachdem seine Partei Forza Italia bei den Parlamentswahlen dem von Romano Prodi angeführten Mitte-links-Bündnis unterlegen war. 2008 gelang es Berlusconi, das Amt zurückzuerobern, das er anschließend bis 2011 innehatte (Anmerkung des deutschen Verlags).
8 Wörtlich: »Küssen tötet nicht. Geldgier und Gleichgültigkeit schon.« (Anmerkung des deutschen Verlags)
9 Chantal Mouffe, *Über das Politische. Wider die kosmopolitische Illusion*, Frankfurt am Main: Suhrkamp 2007 [2005].

edition suhrkamp
Eine Auswahl

Giorgio Agamben. Herrschaft und Herrlichkeit. Zur theologischen Genealogie von Ökonomie und Regierung. Übersetzt von Andreas Hiepko. es 2520. 360 Seiten

Giorgio Agamben et al. Demokratie? Eine Debatte. Übersetzt von Tilman Vogt u. a. es 2611. 137 Seiten

Valentin Akudowitsch. Der Abwesenheitscode. Versuch, Weißrussland zu verstehen. Übersetzt von Volker Weichsel. es 2665. 204 Seiten

Arjun Appadurai. Die Geographie des Zorns. es 2541. 158 Seiten

Jakob Arnoldi. Alles Geld verdampft. Finanzkrise in der Weltrisikogesellschaft. es 2590. 92 Seiten

Nanni Balestrini. Tristano. es 2579. 120 Seiten

Wolfgang Bauer. Über das Meer. Mit Syrern auf der Flucht nach Europa. es-Sonderdruck. 133 Seiten

Zygmunt Bauman, David Lyon. Daten, Drohnen, Disziplin. Ein Gespräch über flüchtige Überwachung. Übersetzt von Frank Jakubzik. es 2667. 204 Seiten

Zygmunt Bauman. Wir Lebenskünstler. es 2594. 206 Seiten

Ingolfur Blühdorn. Simulative Demokratie. Neue Politik nach der postdemokratischen Wende. es 2634. 304 Seiten

NF 383/1/3.15

Carla Blumenkranz u.a. (Hg.). Occupy! Die ersten Wochen in New York. edition suhrkamp digital. 94 Seiten

Friedrich von Borries, Jens-Uwe Fischer. Heimatcontainer. Deutsche Fertighäuser in Israel. es 2593. 200 Seiten

Hauke Brunkhorst. Das doppelte Gesicht Europas. Zwischen Kapitalismus und Demokratie. es 2676. 212 Seiten

Susan Buck-Morss. Hegel und Haiti. Für eine neue Universalgeschichte. Übersetzt von Laurent Faasch-Ibrahim. es 2623. 221 Seiten

Bernd Cailloux. Der gelernte Berliner. Sieben neue Lektionen. es 2563. 251 Seiten

Colin Crouch
- Postdemokratie. Übersetzt von Nikolaus Gramm. es 2540. 159 Seiten
- Das befremdliche Überleben des Neoliberalismus. Postdemokratie II. Übersetzt von Frank Jakubzik. es-Sonderdruck. 247 Seiten

Max Dax. Dreißig Gespräche. es 2558. 330 Seiten

Matthias Dusini, Thomas Edlinger. In Anführungszeichen. Glanz und Elend der Political Correctness. es 2645. 297 Seiten

Gudrun Ensslin, Bernward Vesper. »Notstandsgesetze von Deiner Hand«. Briefe 1968/1969. es 2586. 289 Seiten

David Foster Wallace. Schicksal, Zeit und Sprache. Über Willensfreiheit. es 2653. 207 Seiten

NF 383/2/3.15

Heiner Flassbeck. Zehn Mythen der Krise. edition suhrkamp digital. 59 Seiten

Mischa Gabowitsch. Putin kaputt!? Russlands neue Protestkultur. es 2661. 438 Seiten

Mark Greif
- Bluescreen. Essays. Herausgegeben und übersetzt von Kevin Vennemann. es 2629. 231 Seiten
- Hipster. Eine transatlantische Diskussion. Herausgegeben von Mark Greif u. a. es-Sonderdruck. 206 Seiten

Durs Grünbein. Die Bars von Atlantis. Eine Erkundung in vierzehn Tauchgängen. es 2598. 60 Seiten

Jürgen Habermas
- Im Sog der Technokratie. Kleine politische Schriften XII. es 2671. 193 Seiten
- Zur Verfassung Europas. Ein Essay. es-Sonderdruck. 129 Seiten

David Harvey. Rebellische Städte. Übersetzt von Yasemin Dincer. es 2657. 283 Seiten

Wolfgang Fritz Haug. Kritik der Warenästhetik. Gefolgt von Warenästhetik im High-Tech-Kapitalismus. es 2553. 350 Seiten

Wilhelm Heitmeyer (Hg.). Deutsche Zustände. Folge 10. es 2647. 335 Seiten

Claudia Honegger / Sighard Neckel / Chantal Magnin (Hg.). Strukturierte Verantwortungslosigkeit. Berichte aus der Bankenwelt. es 2607. 395 Seiten

NF 383/3/3.15

Axel Honneth. Vivisektionen eines Zeitalters. Porträts zur Ideengeschichte des 20. Jahrhunderts. es 2678. 307 Seiten

Thomas Kapielski
- Je dickens, destojewski. Ein Volumenroman. es 2694. 455 Seiten
- Mischwald. es 2597. 347 Seiten
- Sezessionistische Heizkörperverkleidungen. es 2680. 214 Seiten

Christian Kellermann / Henning Meyer (Hg.). Die Gute Gesellschaft. Soziale und demokratische Politik im 21. Jahrhundert. es 2662. 318 Seiten

Benjamin Kunkel. Utopie oder Untergang. Ein Wegweiser für die gegenwärtige Krise. Übersetzt von Richard Barth. es 2687. 245 Seiten

Philipp Lepenies. Die Macht der einen Zahl. Eine politische Geschichte des Bruttoinlandsprodukts. es 2673. 186 Seiten

Oliver Lepsius / Reinhart Meyer-Kalkus (Hg.). Inszenierung als Beruf. Der Fall Guttenberg. es-Sonderdruck. 215 Seiten

Martina Löw / Renate Ruhne. Prostitution. Herstellungsweisen einer anderen Welt. es 2632. 215 Seiten

Barbara Marković. Ausgehen. es 2581. 95 Seiten

Eduardo Mendieta / Jonathan VanAntwerpen (Hg.). Religion und Öffentlichkeit. es 2641. 196 Seiten

Markus Metz / Georg Seeßlen
- Blödmaschinen. Die Fabrikation der Stupidität. es 2609. 780 Seiten

NF 383/4/3.15

- Geld frisst Kunst – Kunst frisst Geld. Ein Pamphlet. es 2675. 496 Seiten

Danny Michelsen / Franz Walter. Unpolitische Demokratie. Zur Krise der Repräsentation. es 2668. 411 Seiten

Stephan Moebius / Markus Schroer (Hg.). Diven, Hacker, Spekulanten. Sozialfiguren der Gegenwart. es 2573. 473 Seiten

Chantal Mouffe
- Agonistik. Die Welt politisch denken. Übersetzt von Richard Barth. es 2677. 214 Seiten
- Über das Politische. Wider die kosmopolitische Illusion. Übersetzt von Niels Neumeier. es 2483. 169 Seiten

Franco Moretti. Kurven, Karten, Stammbäume. Abstrakte Modelle für die Literaturgeschichte. Übersetzt von Florian Kessler. es 2564. 138 Seiten

Valzhyna Mort. Tränenfabrik. Gedichte. es 2580. 86 Seiten

Sighard Neckel / Greta Wagner (Hg.). Leistung und Erschöpfung. Burnout in der Wettbewerbsgesellschaft. es 2666. 219 Seiten

Barbara Nolte, Jan Heidtmann. Die da oben. Innenansichten aus deutschen Chefetagen. es 2599. 202 Seiten

Miltiadis Oulios. Blackbox Abschiebung. Geschichten und Bilder von Leuten, die gerne geblieben wären. es 2644. 482 Seiten

Katharina Raabe/Manfred Sapper (Hg.). Testfall Ukraine. Europa und seine Werte. es-Sonderdruck. 256 Seiten

NF 383/5/3.15

Hanno Rauterberg. Wir sind die Stadt! Urbanes Leben in der Digitalmoderne. es 2674. 156 Seiten

Werner Schiffauer. Nach dem Islamismus. Eine Ethnographie der Islamischen Gemeinschaft Milli Görüş. es 2570. 200 Seiten

Frank Schirrmacher, Thomas Strobl. Die Zukunft des Kapitalismus. es 2603. 198 Seiten

Michel Serres. Erfindet euch neu! Eine Liebeserklärung an die vernetzte Generation. Übersetzt von Stefan Lorenzer. es-Sonderdruck. 76 Seiten

Aleš Šteger. Preußenpark. Berliner Skizzen. es 2569. 156 Seiten

Bernard Stiegler. Von der Biopolitik zur Psychomacht. Logik der Sorge II. es 2575. 203 Seiten

Carlo Strenger. Zivilisierte Verachtung. Eine Anleitung zur Verteidigung unserer Freiheit. es-Sonderdruck. 103 Seiten

Mark Terkessidis. Interkultur. es 2589. 220 Seiten

Kevin Vennemann. Sunset Boulevard. Vom Filmen, Bauen und Sterben in Los Angeles. es 2646. 184 Seiten

Franz Walter
- Charismatiker und Effizienzen. Porträts aus 60 Jahren Bundesrepublik. es 2577. 405 Seiten
- Vorwärts oder abwärts? Zur Transformation der Sozialdemokratie. es 2622. 142 Seiten

NF 383/6/3.15

Raul Zelik. Der Eindringling. Roman. es 2658. 288 Seiten

Slavoj Žižek. Auf verlorenem Posten. es 2562. 319 Seiten

Gabriel Zucman. Steueroasen. Wo der Wohlstand der Nationen versteckt wird. Übersetzt von Ulrike Bischoff. es-Sonderdruck. 118 Seiten

NF 383/7/3.15